기적의 방을 만들라

Make Room For Your Miracle
by Mahesh & Bonnie Chavda

Copyright ⓒ 2009 by Mahesh & Bonnie Chavda
Published by Chosen Books
A division of Baker Publishing Group
P.O. Box 6287, Grand Rapids, MI 49516-6287

Korean translation Copyright ⓒ 2009 by Pure Nard
2F 774-31, Yeoksam 2dong, Gangnam-gu, Seoul, Korea

The Korean edition is published by arrangement with Chosen Books.
All rights reserved.

본 저작물의 한국어판 저작권은 Chosen Books와의 독점 계약으로 한국어 판권은 '순전한 나드'가 소유합니다.
저작권자의 허락 없이 이 책의 일부 또는 전체를 무단 복제, 전재, 발췌하면 저작권법에 의해 처벌을 받습니다.

기적의 방을 만들라

초판발행 | 2011년 11월 20일

지은이 | 마헤쉬 & 보니 차브다
옮긴이 | 김주헌

펴낸이 | 허철
편집 | 김나연
디자인 | 오순영
인쇄소 | 고려문화사

펴낸곳 | 도서출판 순전한 나드
등록번호 | 제2010-000128
주소 | 서울 강남구 역삼2동 774-31 2층
도서문의 | 02) 574-6702 / 010-6214-9129
편집실 | 02) 574-9702
팩스 | 02) 574-9704
홈페이지 | www.purenard.co.kr

ISBN 978-89-6237-105-5   03230

기적의 방을 만들라

마헤쉬 & 보니 차브다 지음

이 시대의 수넴 여인과 같은 사람들에게
이 책을 바친다! 하나님께 받은 약속이 희미해질 때 믿음으로 그 약속을 살려낸 모든 그리스도인에게 이 책을 바치고 싶다. 당신이 하나님을 위해 어느 곳에 방을 만들든지, 그 모든 장소, 곧 당신의 가정과 가족 친지들, 그리고 교회와 나라 위에 하나님이 오셔서 늘 거하시기를 기도한다. 또한 당신이 손자, 손녀를 보게 되고 인생의 어떤 계절에 있든지 "모든 것이 다 좋습니다"라고 말할 수 있는 진정한 평안을 맛보길 기도한다.

이 책에 쏟아진 찬사

🌿 은혜로다! 이 책을 손에 든 순간, 당신은 이 책의 매력에 사로잡히게 될 것이다. 이 책은 당신에게 많은 감동과 영감을 줄 것이며, 오늘날에도 언제나 모든 것을 넘치게 채워 주시는 하나님에 대한 믿음을 더욱 확고히 세울 수 있도록 도와줄 것이다.

당신이 생각했던 방법대로 일이 진행되지 않거나 깨어진 꿈이 있는가? 당신이 그러한 상황에 있다면, 개인적인 경험을 통해 나는 이렇게 권면하고 싶다. "포기하지 말고 꾸준히 매달려 일하라. 하나님은 당신을 포기하지 않으시고, 당신의 인생에 부어 주시기 원하는 그분의 약속을 아직 끝내지 않으셨다."

내가 사랑하고 존경하는 친구들인 마헤쉬(Mahesh)와 보니 보니 차브다(Bonnie Chavda)는 이 책을 통해 모든 평범한 크리스천들이 기적을 위한 방을 만드는 방법을 이해하고 실천할 수 있도록 돕는다. 당신도 분명히 기적을 위한 방을 만들 수 있다. 이 책은 내 인생에 있어 언제나 곁에 두고 읽어야 할 소중한 책이 될 것 같다. 실로 아주 놀라운 보물 같은 책이다!

짐 골(James W. Goll)
Encounters Network, Prayer Strom International의 창립자

🪶 마헤쉬(Mahesh)와 보니 차브다(Bonnie Chavda) 부부는 내가 아는 사람들 중 가장 놀랍고 훌륭한 크리스천들이다. 나는 그들이 어떤 사람들인지 또 그들이 전하고자 하는 바가 무엇인지 잘 알고 있다. 그래서 그들을 사랑한다. 이 책은 실로 놀라운 내용을 담고 있다. 예수님에 대해 더 알고 싶은 갈망을 갖게 하며, 우리 인생의 운명에 주눅 들지 않고 하나님의 은혜를 더욱 구하게 만들어 준다. 나는 이 책을 읽는 모든 사람들이 양자의 영을 받아 하늘 아버지께서 각 사람의 인생을 향해 갖고 계신 꿈대로 풍성한 인생을 살게 되기를 기도한다.

하이드 베이커 철학박사(Heidi Baker, Ph. D)
아이리스 사역 본부 창립자

🪶 마헤쉬(Mahesh)와 보니 차브다(Bonnie Chavda) 부부의 공저인 이 책에는 지혜가 가득 담겨 있다. 이 책은 하나님과 더 깊이 동행하고 싶어 하는 자들이 꼭 읽어야 할 필독서 목록에 들어가야 한다. 이 책은 당신이 만약 기적과 표적과 기사를 일으키며 쓰임 받고 싶다면, 어떻게 살아야 주님이 날마다 당신을 통해 일하실 수 있는지에 대한 실제적인 예들로 가득 차 있다.

존 폴 잭슨(John Paul Jackson)
스트림즈 국제 사역 본부 창립자

어떤 사람들은 위대한 교사들로, 깊은 진리를 전하며 사람들에게 큰 영감을 주어 독창적이고 영광스러운 삶을 살도록 도와준다. 또 어떤 사람들은 초자연적이고 영적인 세상에서 선한 영향력을 끼치며 살고 있다. 우리는 기적을 체험하며 사는 이런 사람들의 간증을 통해 하나님이 존재한다는 사실을 실감한다. 그리고 우리도 초자연적인 능력을 경험할 수 있다는 도전을 받으며 힘을 얻는다.

이 두 가지를 모두 가지고 있는 사람, 곧 초자연적인 세계에서 날마다 살아가는 위대한 교사들을 만나는 것은 쉬운 일이 아니다. 그러나 마헤쉬(Mahesh)와 보니 차브다(Bonnie Chavda) 부부는 예외이다. 그들은 역사 중에서 이 두 영역이 긴밀하게 결합되어야 할 필요가 있는 이 시기에 정말 특별하고 아름다운 모범이 되고 있다.

이 책은 평생 간직해 온 꿈을 어떻게 하면 이룰 수 있는지에 대한 지침을 알려 주고 있다. 이 책에는 저자들의 깊은 통찰력이 녹아 있으며, 실제 삶에서 한계를 극복하고 어려움을 돌파한 이야기들을 생생하게 소개하고 있다. 따라서 소중한 꿈이 산산조각 난 것 같은 사람이나 하나님과의 초자연적인 만남을 지속적으로 이어 가고 싶은 사람이라면 꼭 읽어야 할 필독서이다. 나는 차브다(Chavada) 부부를 나의 멘토로 생각한다.

랜스 왈나우(Lance Wallnau)
7M 대학의 Lance Learning Group 창립자

목차

Make Room For Your Miracle

이 책에 쏟아진 찬사 / 6
추천사 / 10
머리말 / 13
서론 / 19

제1장 운명에 대한 새로운 각성 / 27
제2장 내 꿈이 사라진 게 내 탓인가요 / 49
제3장 저녁 만찬에 초대된 손님 / 77
제4장 하나님의 거처를 만들라 / 107
제5장 타협의 여지를 두지 말라 / 125
제6장 기적의 문지방에 서다 / 147
제7장 하나님의 약속이 깨진 것 같을 때 / 175
제8장 부활의 날 / 199
제9장 하나의 기적 위에 얹어진 또 다른 기적들 / 219

추천사

하나님의 충만함을 경험하게 되면 그 사람이 어느 시대에 살든지 변화를 받게 된다. 하나님에 대해 가르치면서도 변하지 않는 경우는 있지만, 하나님을 경험한 후 변하지 않는 사람은 없다. 하나님을 경험하는 것은 변화를 경험하는 것이다. 그렇기에 이 세대의 수많은 사람들이 하나님과의 직접접인 만남을 간절히 원하고 있다.

하나님 나라의 복음이 예수님과 초대 교회의 방식대로 선포되고 가르쳐진다면 그 복음이 전해질 때마다 표적과 기사는 언제나 함께 동반된다. 우리가 살고 있는 이 시대는 하나님 나라가 세상 문화에 영향을 미치는 것이 쉽지 않아서 더욱 큰 도전이 된다. 그러나 하나님 나라가 이 세대의 문화에 영향을 미쳐야 한다고 생각한다면, 우리는 하나님의 능력을 보고, 또한 그 능력을 이 땅 가운데 드러내야 한다.

마헤쉬(Mahesh)와 보니 차브다(Bonnie Chavda) 부부는 하나님이 일으키시는 기적 사역에 생소한 사람들이 아니다. 그들은 하나님의 기적적인 능력이 어떻게 실현되고 이루어지는지 잘 알고 있다. 그들은 예수 그리스도의 사랑으로 열방 가운데서 오랫동안 사역해 왔다. 그래서 하나님이 강림하셔서 거하실 방을 만들면, 하나님이 성도의 삶 가운데 어떤 일을 행하실 수 있는지를 늘 현장에서 생생하게 목격해 왔다. 마헤쉬와 보니 부부는 수많은 사람들이 하나님을 만나고 그분의 영광 가운데 깊이 거할 수 있게 되기를 갈망하며 이 사역에 헌신하고 있다.

이 놀라운 책은 당신의 삶에 기적을 일으킬 수 있는 방을 만들 수 있도록 도와줄 것이다. 마헤쉬와 보니는 수넴 여인의 삶에서 배울 수 있는 통찰력들을 보여 줌으로써 당신에게 기적이 일어날 가능성의 문을 열어 준 것이다. 수넴 여인이야말로 주님이 오셔서 거하실 수 있도록 방을 만든 결과 자신의 삶 가운데 극적인 기적을 체험한 사람이었다. 그녀는 불임의 상태에서 아이를 낳았을 뿐만 아니라 그 이상의 것들을 경험했다. 따라서 당신도 이 책에 계시된 교훈들을 주의하여 받아들임으로써 당신의 삶의 현장에서 기적을 맛볼 수 있다.

우리는 하나님이 다른 사람들의 삶 가운데 기적을 일으키신다는 사실에 대해서는 쉽게 믿는다. 그러나 하나님이 우리 자신의 삶에도 기적을 베풀어 주실 수 있다는 사실을 대면할 때면 우리 자신은 기적에서 예외라는 사실을 오히려 입증해 보이려는 경향이 있다. 마헤쉬와 보니는 그런 우리의 손을 잡고 우리의 삶에서도 기적이 일어날 수 있음을 확신시켜 주며, 능력 있는 믿음으로 인도해 준다.

나는 마헤쉬와 보니 부부가 모든 영광과 능력 가운데 복음을 선포하는 일을 너무나도 사랑하고, 또 그 일에 전적으로 헌신되어 있다는 사실에 늘 감사하고 있다. 그는 하나님을 찾는 모든 사람들의 삶에 하나님의 영광이 드러나는 것을 보고 싶어 하며, 자신 또한 열정적인 삶을 살고 있다. 만약 당신이 하나님이 당신을 위한 기적을 준비하고 계시다는 사실을 받아들이기만 해도, 당신 안에서 큰 변화를 맞이하게 될 것이다.

섬기는 리더십 운동의 주창자 가운데 한 사람인 로버트 그린리프(Robert Greenleaf)는 "사람은 준비된 것, 곧 자신이 받고 싶어 하며 그것에 대해 마음이 열려 있는 것을 얻게 된다"고 말했다. 하나님은 기적의 하나님이시기 때문에, 나는 당신이 이 책을 잡게 된 것은 우연이 아니라고 말하고 싶다. 당신 안에 있는 무엇인가가 이 중요한 책을 고르도록 당신을 이끈 것이다. 단순히 당신 안에 있는 그 무엇인가가 그런 것일 뿐만 아니라, 사실은 당신보다 큰 분이 당신의 인생을 바꿀 수 있는 기적적인 능력을 경험해 보라고 준비시켜 주신 것이다.

나는 당신의 인생 가운데 지금 현재의 시점에서 하나님이 당신을 인도하시는 과정을 신뢰하라고 말하고 싶다. 나는 또한 이 저자들을 신뢰하라고 권하고 싶다. 하나님은 그분의 영광을 당신이 경험하게 되기를 바라신다. 그래서 당신이 필요로 하고 또 정말 간절히 원하는 기적을 위해 마음의 토양을 준비하라고 하나님이 이 두 사람을 당신의 멘토로 선택하신 것이다. 그렇기에 이 두 사람의 말을 신뢰할 것을 권하고 싶다. 기적이 지금 당신을 향해 달려오고 있다.

나는 마헤쉬와 보니 차브다 부부가 우리의 정체성과 운명의 문제에 대해 자세히 가르쳐 주었고, 또 우리 모두에게 기적이 일어나게 할 수 있는 비결들을 한 단계 한 단계 풀어 보여 준 것에 깊이 감사한다.

마크 키로나 박사(Dr. Mark J. Chironna)
플로리다 주 올랜도에서

머리말

볼지어다 내가 문밖에 서서 두드리노니 누구든지 내 음성을 듣고 문을 열면 내가 그에게로 들어가 그와 더불어 먹고 그는 나와 더불어 먹으리라(계 3:20).

내 인생에 큰 영향을 끼쳤던 방문이 세 번 있었다.

첫 번째 방문은 거의 50년 전, 내가 열네 살 때 일어났다. 나의 가족은 그때 아프리카의 케냐에 살고 있었다. 나는 항구 도시인 몸바사(Mombasa)에서 자랐다. 우리는 '예수 요새'(Fort Jesus)라는 오래된 요새 근처에서 살았는데, 우리 집은 바닷가에서 그리 멀지 않은 곳에 위치해 있었다. 몇 세기 전에 바스코 다 가마라는 유명한 포르투갈 탐험가가 방문해서 무역을 했던 곳이었다. 그들은 다우선(船)이라고 알려진 오래된 범선을 타고 무역풍을 힘입어 아라비아로부터 대추를 가지고 와서 팔고, 향신료를 사서 고국으로 돌아가곤 했다. 우리 집 문을 노크하는 소리가 들렸을 때, 나는 누가 이렇게 부드럽게 문을 노크하는지 궁금해하면서 문을 열었다. 문을 열자마자 부겐빌리아 꽃향기와 바다 내음이 내 코끝을 기분 좋게 자극했다.

문 앞에는 중동식 드레스를 입은 젊은 엄마가 아이를 안고 서 있었다. 그녀의 눈은 내가 본 사람들 중에 가장 부드러운 청회색을 띠고 있었다. 이 여인은 1960년 2월 29일 끔찍한 지진이 이천 명의 생명을 앗아간 모로코의 아가디르(Agadir)에서 온 이재민이었다. 그 부드러운 눈에서 나는 고통과 죽음, 그리고 정신적 황폐함을 볼 수 있었다. 나는 그 여인이 어떻게 아가디르에서 몸바사까지 올 수 있었는지 알 수 없었지만, 그 여인은 우리 집 문 앞에 서서 도움을 구하고 있었다. 그녀가 계속 아랍어로 말해서, 나는 겨우 몇 마디만 알아들을 수 있었다. 그녀는 '아가디르'라는 말을 거듭 반복했다.

우리 가족들은 옷가지와 음식, 그리고 돈을 주었다. 우리 가족은 그녀를 돕기 위해 우리가 할 수 있는 모든 것을 했다. 그녀는 고맙다는 스와힐리어인 '아상테'(Asante)라는 말을 배웠었나 보다. 그녀는 계속해서 "아상테, 아상테"라고 말하며 돌아갔다. 나는 그녀의 부드러운 눈을 아직도 잊지 못한다. 그녀는 내 마음 문을 두드리고 열면서, 어려움에 처한 사람들을 외면하지 말 것을 상기시켜 주었다.

그로부터 1년 정도가 지났을 때, 내 인생을 바꾼 두 번째 방문이 있었다. 내가 우리 집 문을 열었을 때 거기에는 아주 아름다운 미국 여인이 한 명 서 있었다. 집으로부터 그렇게 멀리 떨어져 있는 이곳, 특별히 케냐 몸바사의 키보코니(Kibokoni) 지역에서 그녀는 무엇을 하고 있었을까? 그녀의 눈은 매혹적인 청록색이었다. 그 눈은 평화와 승리를 전하는 것 같았다. 그녀는 단지 냉수 한 잔을 달라고 했지만, 그 대가로 영생에 대한 메시지를 전해 주었다. 그녀와 남편은 케냐로 파송된 선교사들이었다.

그녀는 나에게 성경 한 권을 선물로 주었다. 그리고 나는 그 성경을 읽다가 이 세상의 구세주이자 하나님의 고귀한 어린양이신 예수님을 알게 되었다. 이 방문은 내 운명에 영향을 끼쳤고 내 삶을 완전히 바꾸어 놓았다. 나는 미래에 대한 희망을 갖게 되었다. 영광의 주님이 내 삶에 오셨고, 나는 영원을 꿈꾸는 사람으로 변화되었다.

수년이 지난 어느 날 환상인지, 꿈인지 혹은 황홀경인지(지금도 확실히 말할 수 없지만) 나는 또 다른 노크 소리를 들었다. 내가 우리 집 문을 열었을 때 마치 하늘의 미풍이 나를 향해 불어온 것 같았다. 나는 문 앞에 아가디르에서 온 젊은 엄마처럼 부드럽고 아름다운 한 여인이 서 있는 것을 보았다.

그 여인은 중동식 드레스를 입고 있었는데, 눈에 띄는 큰 청회색 눈을 갖고 있었다. 그 눈은 고통과 죽음을 보았지만 부활의 영광으로 빛나고 있었다. 그녀는 문 앞에 서서 나를 주의 깊게 관찰했다. 그러고 나서 웃음을 띠고 말했다. "나는 수넴 여인입니다. 나는 당신에게 내 이야기를 들려주고 싶어요." 무엇인가가 내 마음에 가득 차 올랐다. 마치 생명수가 나를 막 휩쓸고 지나는 것 같았다. 이제부터 하나님이 '위대하다'고 말씀해 주신 이 수넴 여인의 이야기를 시작하려고 한다.

수넴 여인의 이야기는 이스라엘의 하나님이 그 백성들을 위해 행하신 놀라운 일들을 기억하고자, 선지자들이 자세하게 쓴 이야기들 가운데 하나이다. 어쩌면 그들은 그녀의 이름을 잊었을지도 모른다. 반대로 그녀의 이야기가 너무 유명해서 이야기를 듣는 사람들은 분명히 그 이야기의 주인공이 누구인지 알았을 수도 있다. 아니면 그녀의 이야기 중에 그들을 가장 감동시켰던 것은 기적이었기 때문에 그녀의 이름을 기록하지 않았을 수도 있다.

그녀의 이름을 기록하지 않은 이유가 무엇이든 간에, 성령님은 그녀를 기억하고 계셨다. 그분은 나중에 선지자에게 영감을 주어 그녀의 이야기를 자세히 풀어놓게 하셨다. 성령님이 선지자를 수넴 여인의 대변인으로 삼으신 것이다. 학자들 중에는 예레미야가 이스라엘 왕들의 연대기 가운데 수넴 여인의 간증을 기록해 놓았다고 믿는 사람들이 많다. 예레미야가 풍전등화와 같은 민족의 운명 앞에서 최선을 다해 애쓰는 동안, 수넴 여인의 이야기는 가능성과 희망을 상징하는 등대로 빛을 비췄을 것이다.

열왕기하에 수넴 여인의 이야기가 기록되어 있는데, 수넴 여인은 임신을 할 수 있는 나이를 넘겨 버린 중년의 여인이었다. 이 이야기는 요람 왕의 12년 통치 기간 중에 있었던 일인데, 요람 왕은 배교자였던 아합 왕과 아주 사악했던 왕비 이세벨의 아들이었다. 수넴 여인의 이야기는 엘리사가 위대한 스승인 엘리야로부터 수련받은 이야기 뒤에 나온다. 엘리야는 실로 14년 동안이나 이스라엘을 대표하는 영적인 아이콘이었다. 그는 정말 불꽃같은 인생을 살았다. 엘리사는 엘리야가 승천할 때 그의 겉옷을 극적으로 받은 다음에 오랫동안 영적으로 파산한 나라를 회복하고자 선지자 생도들을 이끌게 된다.

엘리사는 선지자로서 선지자 생도들을 본격적으로 이끌게 된, 첫해에 수넴에서 어떤 귀족 부부의 대접을 받게 된다. 나라를 재난으로부터 구하려고 노력하는 중에, 엘리사는 자신이 머물렀던 수넴 여인의 집안의 목자 역할도 마다하지 않았다. 배교한 왕과 사악한 왕비, 그리고 이스라엘을 파괴하고 복종시키겠다고 맹세한 이웃의 강력한 나라들의 장수들을 대하는 와중에 하나님의 사람 엘리사는 휴식을 취하러 수넴에 있는 그 여인의 집으로 향하곤 했다. 이때 바로 기적이 일어났다.

이 수넴 여인은 지금도 여전히 우리에게 말하고 있다. 여기에 회복의 이야기가 있다. 약속이 회복되고 생명이 회복되며 유산(기업)이 회복된다. 성경적 이야기, 곧 기도하는 마음으로 그녀의 다양한 일상생활을 상상하여 재구성해 본 수넴 여인의 이야기는 많은 사람에게 귀감이 된다. 즉, 소망을 갖고 있었지만 실망한 경험이 있거나, 순종했으나 꿈을 이루지 못했거나, 씨를 심어 놓고 추수하기를 여전히 기다리고 있는 모든 사람들에게 위로와 조언과 소망을 준다.

그녀의 이야기를 통해 수넴 여인은 우리가 인생의 어떤 계절에 있든지 기적의 하나님을 맞이할 영구한 자리를 만들라고 우리를 초청한다. 수넴 여인의 이야기가 당신의 마음 가운데 하나님이 거하실 영원한 처소를 준비하는 데 도움이 되었으면 한다. 당신의 마음 가운데 하나님이 거하실 방이 마련되면, 당신의 삶은 회복될 것이다. 그리고 일상의 삶을 살아갈 때 활력이 생길 것이다. 또한 당신이 잃어버린 유산, 곧 그분과의 영원한 교제가 회복될 것이다. 하나님이 신실한 자들에게 베풀어 주시는 능력과 신실함을 당신도 알게 되기를 기도한다. 수넴 여인은 지금도 여전히 우리에게 말하고 있다. 자, 이제 그녀의 이야기를 들어보고 기적이 일어날 수 있는 마음의 방을 마련하도록 하자.

마헤쉬 차브다(Mahesh Chavda)

Make Room For Your *Miracle*

서론

❧ ❧ ❧

하루는 엘리사가 수넴에 이르렀더니 거기에 한 귀한 여인이 그를 간권하여 음식을 먹게 하였으므로 엘리사가 그곳을 지날 때마다 음식을 먹으러 그리로 들어갔더라(왕하 4:8).

Make Room For Your Miracle

수넴 여인이 말하길...

　수넴 여인이라 불리는 저는 세계 역사에서도 유명한 사람들로 꼽히는 두 사람 때문에 유명해졌습니다. 그들은 바로 엘리사와 예레미야 선지자입니다. 우리나라가 이방신들을 섬길 때, 저의 삶은 오히려 그 어둠 가운데서 빛났습니다. 바로 여호와 하나님에 대한 믿음 때문이었습니다. 하나님은 이스라엘을 지키시느라 졸거나 주무시지도 않지만, 그분은 진정으로 자신을 따르는 사람들의 삶을 눈동자처럼 지키십니다.

　그분은 마른 땅을 적시는 신선한 비처럼 우리에게 오십니다. 그렇기 때문에 우리는 우리가 실패하고 우리의 희망이 사라질 때라도 그분을 굳게 붙들어야 합니다. 끝까지 그분을 신뢰해야 합니다. 우리는 희망을 가져야 합니다. 희망을 잃어버리는 것은 자유를 잃어버리는 것이요, 곧 자신을 잃어버리는 것이기 때문입니다.

　저의 작은 세계는 더 큰 세계의 틀 안에서 영향을 받았습니다. 저는 주님을 경외하여 평생 열심히 섬긴 신실한 부모님 밑에서 태어났습니다. 저는 물심양면으로 언제나 부지런하고 성실하게 사셨던 어머니로부터 많은 것을 배웠습니다. 저는 사람은 무릇 자신이 속한 가문의 생존을 위해 헌신해야 된다는 사실을 부모님의 모습을 통해 어렸을 때부터 교육받으며 자랐습니다. 따라서 자녀가 자신의 가문에 도움이 될수록 그 사람의 가치가 높아지는 것입니다. 딸들은 열세 살 정도가 되면 같은 부족 내에서 다른 집안으로 시집을 갑니다.

외모가 아름답고 정신이 건강할수록 배우자를 더 잘 고를 수 있고, 가족들도 신부 값을(결혼할 때 신랑 측이 신부 측에게 지불하는 재물. 지참금은 주로 신부가 시집갈 때 신랑 측에 가지고 가는 재물을 지칭함-역자 주) 더 많이 받을 수 있습니다. 남자들은 아버지로부터 땅을 물려받고, 아내를 자기 집으로 데려갑니다. 보통 신부로 맞이한 아내가 자녀를 많이 낳을 수 있기를 바라면서 말입니다. 이런 제도 아래에서는 남자가 여자보다 두 배 정도 더 유익을 얻는 셈이 됩니다. 그렇다고 딸들이 덜 사랑받는 것은 아닙니다. 저는 소위 말하는 '겸손하고 정숙한' 정신을 가지며 자랐습니다. 우리 아버지가 그런 태도를 좋아했기 때문입니다.

우리 집은 부유한 편이었지만 부유한 가정에서 태어났다고 해서 저의 삶이 평탄하고 쉬운 것은 아니었습니다. 또 돈이나 어떤 다른 권세의 영향력 때문에 제 이야기가 성경에 실린 것은 아닙니다. 제가 그러했던 것처럼 제 이야기를 통해 당신도 자신의 마음 가운데 하나님이 거하실 영원한 처소를 세우고 그분의 기름 부음을 받게 되기를 기도합니다. 그 목적을 위해 제 이야기가 지금까지 전해지고 있는 것입니다. 저는 이렇게 독자들에게 말할 수 있는 기회가 오기를 오랫동안 기다려 왔습니다. 저의 간증은 마치 여러 실들이 모여 크고 아름다운 벽걸이 융단이 되듯이, 하나님을 신뢰하고 믿는다는 것을 제대로 보여 줄 수 있는 큰 융단을 만드는 데 쓰인 한 가닥의 실과 같습니다.

남녀노소를 불문하고 당신과 저, 우리 모두는 인간의 한계를 벗어나서 살 수 없습니다. 우리 모두는 생명과 죽음, 희망과 절망, 기쁨과 슬픔, 승인과 거부, 믿음과 불신, 그리고 두려움과 평안을 경험합니다. 그리고 우리는 우리 모두가 추구하는 것들에 대한 모든 답을 갖고 계신 분을 찾고 있습니다. 그분은 어제나 오늘이나 항상 동일한 분입니다. 그분이 거하시는 곳에 온전함과 충만함이 있습니다.
　우리 삶의 환경 가운데 그분이 역사하시며, 가끔은 그 환경 속에서 위대한 기적을 행하십니다. 그분이 저에게 그러했듯이 당신에게도 충분히 기적을 일으켜 주실 것입니다. 그분은 기적의 하나님이시기 때문입니다. 당신은 이제 그분이 당신의 가장 깊은 갈망에 대한 확실한 답이 되신다는 사실을 체험하게 될 것입니다.

이제 우리는 들으며…

인간을 향한 하나님의 원래 계획은 그분이 거하실 영원한 처소를 짓는 것이었다. 예수님은 다음과 같이 말씀하셨다.

> 볼지어다 내가 문밖에 서서 두드리노니 누구든지 내 음성을 듣고 문을 열면 내가 그에게로 들어가 그와 더불어 먹고 그는 나와 더불어 먹으리라(계 3:20).

열왕기하를 보면 모압과의 전투와 같이 그 결과에 따라 한 나라에 아주 크고 중대한 영향을 미칠 수 있는 국가적인 사건이 소개되다가, 갑자기 갈릴리 중에서도 명확하지 않은 도시의 한 이름 없는 여인의 이야기가 나온다. 이것은 이 여인의 이야기에 하나님의 특별한 뜻이 있음을 시사한다. 국가적인 위기 가운데 이스라엘이 심판을 받는 듯한 형국이 배경인데, 선지자는 갑자기 수넴의 한 집을 자주 방문하게 된다. 그러면서 이 이야기는 하나님의 위대하심을 보여 주는 대표적인 이야기로 대두되었다. 그분의 위대함은 우리를 위대하게 만든다. 그분에게 있어서 불임 여성의 문제는 왕의 국가적인 문제만큼이나 똑같이 소중하고 중요한 일로 여겨지는 것이다.

엘리사가 이 여인의 집을 방문하여 문을 두드릴 때마다 이 위대한 여인은 엘리사가 쉴 수 있도록 문을 열어 기쁘게 그를 맞이하였다. 그녀가 하나님의 선지자를 맞아들일 때마다 하나님이 그와 함께 오셨다. 엘리사는 스승보다 곱절의 기름 부음을 구하고 받았던 것으로 유명하다. 기적 위에 또 다른 기적들이 더해졌다. 엘리사는 모든 믿는 자들의 대제사장이신 예수님의 선지자 역할을 예표하고 있는 것이다.

수넴 여인은 우리 마음 가운데 기적을 위한 자리를 마련하는 것이 어떤 것인지를 잘 보여 주고 있다. 그녀는 절제된 생활을 하고 도덕적으로 곧았을 뿐만 아니라, 가정에서는 애정이 넘쳤으며, 경건한 신앙으로 집안을 다스렸던 것으로 보인다. 그녀는 진정한 믿음의 삶을 살았다. 그러나 집안에 위험이 닥쳤을 때 두려움 없이 굽히지 않았던 것을 보면 비신자들의 생활과는 아주 다른 특별한 자신감과 권위가 있었다. 다윗 왕의 마음을 사로잡은 또 다른 수넴 출신인 아비삭과는 다른 방식으로 우리의 주인공 수넴 여인은 하나님의 선지자와 하나님의 마음을 사로잡았다. 그녀가 하나님의 도움의 손길을 간절히 필요로 할 때 그분은 기쁘게 그분의 손을 펼쳐서 도와주셨다.

우리는 위대한 기적을 선물로 받은 수넴 여인의 '믿음의 비밀'을 살펴보려고 한다. 그 선물을 빼앗겼을 때 이 위대한 여인은 기적의 근원을 추구했으며, 그녀의 모든 것이 회복될 때까지 그분을 붙잡았다. 그녀의 승리는 더 많은 기적의 씨앗이 되었다. 아들의 부활로부터 모든 것이 원 상태로 회복될 때까지 그녀는 하나님에 대한 믿음을 잃지 않고 어려움에 지지 않으려고 끊임없이 분투했다. 이런 자세로 인해 그 마음에는 하나님이 거하실 곳이 마련된 것이다. 하나님이 그 마음에 거하실 수 있었기 때문에 그녀는 지속적으로 하나님의 도움을 적절하게 받을 수 있었고, 그 이후 세대들이 유산으로 받을 풍성한 믿음을 소유하게 된 것이다.

당신의 삶에는 이루어지기를 갈구하고 있지만 아직 실현되지 않았을 뿐 아니라, 이루어지지 않을 것 같은 꿈과 희망이 있는가? 수넴 여인처럼 기적을 행하시는 하나님을 모실 자리를 마련한다면 그것이 곧 기적을 불러일으키는 자리를 마련하는 것이다. 자, 이제 어떻게 하면 되는지 같이 알아보기로 하겠다.

제1장

/

운명에 대한
새로운 각성

너는 청년의 때에 너의 창조주를 기억하라 곧 곤고한 날이 이르기 전에, 나는 아무 낙이 없다고 할 해들이 가깝기 전에(전 12:1).

Make Room For Your Miracle

수넴 여인이 말하길…

만약 당신이 철기 시대의 이스라엘에서 태어났다면 종교 없이는 살 수 없었을 것입니다. 모든 사람들이 무엇인가를 예배했고, 종교적 의식들을 아주 신성한 것으로 여겨 철저히 지켰기 때문입니다. 하루하루의 삶은 물론이거니와 태어나서 죽는 순간까지 행하는 모든 것이 다 종교의 영향을 받았습니다. 그런데 종교를 믿으면서도 그 안에서 미신과 진정한 신앙 간의 싸움이 치열했습니다. 유일하신 한 분 하나님, 곧 아브라함과 이삭과 야곱의 하나님을 경외하는 우리에게는 과거에 믿는 자들의 삶에서 역사하신 하나님의 일을 기억하는 것이야말로 자신의 정체성을 세우고 유지하는 데 가장 중요한 것이었습니다. 당신이 눈으로 직접 볼 수 없는 유일하신 하나님이 바로 믿음의 선진들의 삶에 역사하셨습니다. 따라서 그분을 따르려면 당신은 믿음의 눈으로 그분의 발자국을 찾아야만 하는 것입니다.

저는 과거 이야기가 새겨진 책들을 본 적이 거의 없습니다. 우리의 역사가 생생하게 전해지려면 우리는 거룩한 사람들이나 가문의 어른들에 의해 말로 전달된 이야기를 듣거나, 예전에 전달된 구전에 의지해야 했습니다. 마치 우리 아버지가 자신의 아버지로부터 들은 이야기를 우리에게 가르쳐 준 것처럼 말입니다. 우리는 예루살렘으로부터 낙타를 타고 여행을 해도 이틀이 소요되는 거리에 떨어져 살고 있었기 때문에, 우리를 방문하는 신실한 분들과의 교제에 주로 의지했습니다. 그러나 특별한 절기 때는 우리가 가기도 했습니다. 제가 태어나기 50여 년 전에 솔로몬 왕의 왕국이 남과 북으로 나뉘어졌고, 그 이후로 그런 상태로 살 수밖에 없게 되었습니다.

북쪽의 열 부족을 다스리게 된 여로보암 왕은 솔로몬 왕의 후계자와 연결되는 것을 꺼려해서 우리 백성들이 예배할 수 있도록 큰 황소상을 단과 베델에 세웠습니다. 아버지는 북쪽 사람들이 성전 때문에 예루살렘에 가면 점점 더 유다에 충성하게 될까 봐 그렇게 한 것이라고 여겼습니다. 지금 우리 북쪽에는 레위인들이 없습니다. 여전히 선지자들이 에브라임의 몇몇 도시에 살고 있었지만, 우리가 사는 수넴에는 잘 오지 않았습니다. 우리는 선물과 예물을 준비해 갈멜에 있는 선지자들에게 가서 하나님에 대한 이야기를 들었습니다. 선지자들의 말을 듣기 위해서는 서쪽에 있는 큰 바다를 향해 약 반나절 정도 걸어야 했습니다. 예전에도 그랬지만 지금은 그 어느 때보다 여호와 하나님을 향한 믿음을 간직하는 것이 더 어렵게 되었습니다.

우리 아버지는 마을의 부족장으로 수넴에서는 존경받는 분이었습니다. 물론 할머니와 어머니가 그랬듯이 여인들이 자녀를 잉태하지만, 우리 존재의 원천은 바로 아버지입니다. 우리는 아버지의 성(姓)으로 불리고, 아버지의 양식으로 요리를 하며, 아버지의 집에서 살면서 한 가족으로 인정되어 공동체를 이루며 살아갑니다. 아버지는 우리에게 생명을 주었는데, 가족들이 죽을 때마다 우리는 그 소중함을 더욱

더 깊이 깨닫게 되었습니다.

저는 우리나라의 정치, 곧 분단된 현실에 대해서 알게 되었습니다. 저는 우리 가문에 속한 가족들이 함께 모여 사는 마을에서 외부로 향하는 길의 끝자락 부분을 '섬'이라고 불렀는데, 그 즐거운 '섬'의 바로 남쪽에 주거지가 하나 더 있었습니다. 저와 같은 어린아이의 눈에도 그곳은 우리 마을과 확연히 달라 보였습니다. 나귀를 타고 한 시간만 가면 아합 왕과 그의 뱀 같은 아내 이세벨의 화려한 여름 궁전이 이스르엘 꼭대기에 우뚝 솟아 있었습니다.

'쓰레기 섬!' 우리 나라말로 '이세벨'의 뜻이 바로 '쓰레기 섬'이었습니다. 어떤 아버지가 자신의 자녀에게 그런 이름을 지어 주었을까요? 설마 제사장이 그랬을까요? 아마 아닐 것입니다. 분명히, 저희 아버지가 말씀하셨듯이 소경이 소경을 인도하는 모습이었겠지요.

우리 아버지는 안식일 내내 여호와 하나님을 진정으로 경배하셨습니다. 그날은 우리가 쉴 수 있는 날이었습니다. 아이들도 젖을 떼자마자 어떠한 종류든지 집안일을 도와야 했는데, 최소한 그날만큼은 아무런 일도 하지 않고 아버지와 함께 올리브나무 숲의 그늘에 앉아 휴식을 취했습니다. 그 나무들은 할아버지가 예전에 숙곳을 다녀오시다 예루살렘에서 가지고 온 가지들을 심은 것이었습니다. 이제 이 나무들은 아버지의 나이쯤 되어서 올리브기름을 낼 수 있는 가장 좋은 때가 되었습니다. 수넴에는 올리브와 포도를 짜내는 틀이 있어 추수 때가 되면 온 마을 사람들이 함께 일했습니다. 그날은 언제나 즐거웠습니다. 거리마다 어린 아이들의 노는 소리와 웃음 소리로 가득 찼었으니까요.

　푸르른 올리브나무의 가지들은 우리 집 뒤의 들판까지 뻗어 나갔습니다. 이는 올리브나무가 우리 땅에서 무성하게 자랄 것이라는 여호와 하나님의 약속이 그대로 이루어진 산 증거였지요. 기름은 분명 식용으로 쓰였습니다. 그렇지만 불을 밝히는 데도 쓰였고, 상처를 치유하는 데도 쓰였으며, 피부를 부드럽게 하는 데도 쓰였습니다. 기름은 생명이나 마찬가지였습니다. 모든 것을 이 나무에서 얻었지요. 저는 나무 밑에 있는 가지들 중 먼지가 덮여 있긴 했지만 초록 새싹이 돋은 가지를 올려다보았습니다. 그런데 아버지는 이 특별한 날에 쓰이는 다른 종류의 기름을 이야기하셨습니다. 거룩한 기름 부음에 대해서 말입니다.

　"거룩하다는 것이 무슨 뜻이에요, 아버지?"

　"하나님께 드려졌다는 뜻이란다. 우리 백성들이 따로 구별되고, 우리의 선지자와 토라가 그런 것처럼 말이다. 모세가 돌판을 가지고 산에서 내려왔을 때 그의 얼굴은 거룩한 기름 부음으로 빛났었단다. 살아 계신 하나님의 임재, 곧 그 입에서 나오는 하나님의 말씀의 영광이 모세의 얼굴에도 묻어 나온 것이지. 결국 온 세계가 알게 될 거야. 우리는 기다리면 된단다. 이방인들도 자신들의 우상을 버리고 우리 주님께 돌아올 거야." 이 말씀을 하실 때 아버지는 강한 확신의 눈빛으로 저를 바라보시며 고개를 끄덕이셨습니다.

　"아버지, 이방인들이라고요?" 저는 믿기지 않아서 다시 물었습니다. 이방인들은 우스꽝스럽게도 돌이나 나뭇조각에 절하는 사람들이었습니다. 마치 나뭇조각이 그들의 기도를 들어줄 수 있는 것처럼 말입니다. 저는 이방인들의 제사는 끔찍할 뿐만 아니라, 그 제사를 자녀들에게도 똑같이 요구한다고 들었습니다. 그들의 생각이 아주 못마땅한 상황인데, 그들의 사악한 행습이 우리 문화와 종교에 아주 조금씩 들어오고 있다는 것이 더 안타까웠습니다. 사실 아합 왕이 손으로 만든 우상을 섬기는 첫 번째 지도자는 아니었습니다.

여로보암 왕 이후로 계속해서 악한 왕들이 백성을 다스려 왔습니다. 새로운 왕이 등극할 때마다 이스라엘이 영적으로 조금씩 더 타락했다는 것은 상상하기 어려운 일이었지만 실제로 그렇게 되었답니다. 나답, 바아사, 엘라, 시므리, 오므리, 그리고 현재 아합 왕까지 말입니다. 우리 아버지처럼 경건한 사람이 없었습니다. 그들은 마치 악독을 장려하고 배양하는 것 같았습니다.

바아사는 왕이 되고자 나답을 암살했는데, 아들인 엘라에 의해서 자신도 암살당했습니다. 먼지로부터 왔다가 먼지로 간 것이지요. 이것에 대해 아버지는 심하게 바람 부는 날에 씨앗을 뿌리고 태풍 가운데 추수를 하는 격이라고 말씀하셨습니다. 시므리는 자살을 했는데, 자살은 유대인이 행해서는 안 될 일이었습니다. 그는 자신의 시체와 재산을 적에게 빼앗기지 않으려고 성 자체를 불태웠던 것입니다. 그 다음 왕인 오므리는 북 이스라엘이 둘로 나뉘어질 때 치열하게 싸운 끝에 왕이 되었습니다. 이는 수치스러운 전쟁이었습니다.

선지자들의 예언에 따르면 그것은 영광의 땅의 최후가 시작된 것이었습니다. 하나님이 약속대로 그 백성들의 어리석음을 용서하시고 다시는 쫓겨나지 않도록 그 땅에 다시 되돌아오게 하실 그날은 아마도 수천의 간구 끝에, 수천 년 이후에야 가능할 것입니다. 그러나 그 일이 일어나면 세상에서 지혜롭다고 높임을 받은 자들도 놀라고 당황할 것이라고 아버지가 말씀하셨습니다. 그리고 그 일은 단 하루 안에 일어날 것이라고 말해 줬습니다.

"어느 날 우리 백성들은 하나님이 계획하신 대로 여호와 하나님을 자신들의 왕으로 모시게 될 거야"라고 아버지가 말씀하셨습니다. 아버지는 저에게 말씀하고 계셨지만, 회복될 땅에 대해 말씀하시는 것, 그 자체가 아버지에게 큰 위로가 되는 것 같이 보였습니다. "그분은 사람들의 모든 계획들이 이루어지지 못하도록 하실 것이다. 모든 음모들은 쓰레기처럼 버려질 것이다"라고 말씀하셨습니다.

아버지는 궁전 쪽을 손으로 가리키셨습니다. 그리고 저를 돌아보시며 이렇게 말씀하셨습니다. "그들은 갑자기 혼란에 빠져 어둠 가운데 던져질 것이다. 얼마나 어두운지 어디에 발을 디뎌야 할지 모를 정도로 깜깜할 것이다. 그러나 억압받고 학대받은 자들을 하나님이 구원해 주실 거야. 그들은 자신들을 죽이려 드는 철권으로부터 건져질 거야." 아버지는 잠깐 숨을 돌리시고 계속 말씀하셨습니다. "그렇기 때문에 가난한 자들도 희망을 가질 수 있어. 불의는 그 자리를 잃고 말 거야." 아버지는 나의 손을 가져다가 팔짱을 끼시고 내 손을 어루만지면서 말씀하셨습니다. "불의는 영원하지 않아. 모세는 우리의 선지자야. 그가 여호수아에게 안수했을 때 거룩한 기름이 부어지기 시작했고 지금까지도 계속 부어지고 있단다."

태양 빛이 가득한 오후의 정원에 고요함이 내려앉았습니다. 마치 나무와 새, 그리고 하늘과 땅이 모두 아버지의 말씀을 듣고 있는 것 같았습니다.

"여기 말이다." 아버지는 자신의 가장 두꺼운 손가락으로 나무를 가리키면서 말씀하셨습니다. "둥근 봉오리들이 보이지?"

저는 고개를 끄덕이며 두꺼운 나뭇잎 밑에 달린 조그만 봉오리들을 주의 깊게 보았습니다.

"이 봉오리들이 몇 달 안에 올리브가 될 거야. 하나님의 뜻이지! 그렇지만 추수 때가 가까이 오면 너는 나와 함께 새들이 와서 이 열매들을 빼앗아 가지 못하도록 잘 지켜봐야만 한단다."

"아버지, 새들이 이 나무 위에 둥지를 틀곤 해요. 비둘기들은 이 나무에서 뜨거운 해와 더위를 피하고, 서로 '구구' 하며 부르기도 하는 걸요."

"음모를 꾸미는 것이지!" 아버지가 말씀하셨습니다. "그들은 비둘기의 언어로 은밀하게 이야기를 나누는 것이란다. 그리고 그 빨간 눈으로 너를 지켜보는 것이지. '저기 조그만 소녀가 오는군!' '의심을 사지 않도록 조심해. 안 그러면 자기 아버지에게 달려가서 우리가 올리브 열매들을 따 먹으려고 한다고 이야기할 걸' 이런 식으로 서로 이야기하는 거란다."

이때 저는 아버지와의 대화를 통해 제 마음 깊은 곳에 스며들고 있는 것이 무엇인지 제대로 알지도 못하고, 그 기쁨도 제대로 만끽하지 못한 채, 그저 아버지의 말이 재미있어서 깔깔대며 웃었습니다. 날이 갈수록 '나 자신이 어떤 존재인지에 대한 인식' 곧 정체성에 대한 인식이 제 영혼에 스며들기 시작했습니다. 마치 언젠가 우리 아버지가 주의 깊게 돌보며 살핀 올리브들이 기름으로 짜져 그 용기에 담기게 되는 것처럼 말입니다. 이처럼 진정한 왕의 자녀로서의 정체성은 미래의 어느 날 제가 대적해야 할 적들을 이길 힘을 길러 주고 있었습니다.

이제 우리는 들으며…

성경에 수넴 여인이 어렸을 때의 이야기에 대해서는 전혀 기록되어 있지 않다. 위의 이야기는 그녀의 어린 시절을 상상하여 재구성해 본 것이다. 그녀의 믿음은 여호와 하나님을 향한 이스라엘 사람들의 신앙으로부터 지대한 영향을 받았을 것이다.

열왕기하 4장 8절을 보면 수넴 여인을 '귀한 여인' 혹은 '부유한 여인'이라고 말하고 있는데, 영어 성경 킹 제임스 버전(흠정역)을 보면 'great'(위대한, 큰)라는 단어로 그 여인을 설명하고 있다. 그리고 그녀의 죽은 아들이 살아난 것을 보면 그녀는 히브리서 11장에 나오는 믿음의 영웅들의 명예의 전당에 들어갔다고 해도 무리가 아닐 것이다. 그러나 이 기적은 그녀가 경험한 기적들 중에 단지 하나일 뿐이다.

무엇이 그녀를 '위대'하게 만들었는가? 왜 하나님은 그녀에게 오셔서 그녀의 깊은 갈구들을 채워 주셨는가? 그 이유는 그녀의 삶과 마음 가운데는 하나님의 기름 부음을 받을 수 있는 여지, 곧 방이 마련되어 있었기 때문이다. 그녀는 하나님이 오셔서 거하실 수 있도록 방을 만들어 하나님을 맞아들였다.

근자에 많은 책들이 위대함에 대해 이야기하고 있지만, 하나님께 인정받는 위대함이 중요하다. 성경이 가르쳐 주듯이 모든 만물은 먼지요, 배설물에 불과하다. 다윗 왕은 "주의 온유함이 나를 크게 하셨나이다"(시 18:35)라고 주님을 찬양했다. 하나님의 위대하심은 곧 하나님의 겸손하심에 근거를 두고 있다. 그 겸손은 다윗이 노래한 것처럼 하나님의 온유하심인데, 곧 하나님의 은혜가 이 땅 가운데 실현되는 것이 곧 하나님의 겸손이요, 하나님의 위대하심이 있는 그대로 드러나는 것이다. 우리가 하나님께 도와달라고 기도하여, 하나님이 우리 세계로 오셔서 우리 삶을 만져 주실 때 바로 하나님의 겸손하심이 드러난다. 그리스도의 십자가는 이 위대함을 가장 잘 보여 준 궁극적인 계시다. 그리고 우리 세상에서 하나님이 거하실 곳은 바로 우리 마음이다. 성도의 마음이야말로 그분이 임재하시기에 가장 적절한 곳이다.

그렇다면 하나님의 눈에 비췬 우리 운명의 위대함은 무엇이며, 우리 운명의 목적은 무엇이겠는가? 우리를 위대하게 만드는 것은 무엇인가? 우리는 수넴 여인의 이야기로부터 몇 가지 교훈을 얻을 수 있다.

첫 번째로, 우리는 하나님을 향한 갈증을 가지고 있다. 우리가 그런 갈망이 있을 때 하나님의 말씀에 마음이 열린다. 이럴 때 삼위 하나님이 일하실 수 있으시다. 하나님을 진정으로 갈망할 때 우리는 마음 깊은 곳에 성령 하나님을 인정하고 모시게 된다.

교만한 마음속에 하나님이 거하실 수 없다. 하나님이 우리 마음속에 찾아오시는 것 자체가 바로 기적이다. 그리고 이것이 '일상'적인 것이 되어야 하지만, 하나님은 교만한 마음에는 임하실 수 없으시다. 심령이 가난하여 하나님을 갈망하는 사람들이 하나님의 임재에 가까이 나아간다. 예수님은 가난한 자들이 복이 있다고 말씀하신다. 어느 때나, 어느 나라에나 하나님을 향한 배고픔과 갈증을 가진 사람들이 있게 마련이다. 이것은 하나님 외에 그 어떤 것으로도 해소될 수 없다. 그리고 성령님을 모시는 것은 단순한 종교적 행위가 아니다. 그것은 하나님이 내주하실 자리를 마련해 드리는 것이다.

하나님의 눈에 우리가 위대하다고 인정받는 또 다른 도구는 바로 그분의 말씀에 대한 우리의 사랑이다. 위대한 사람들은 진실로 성경을 보물로 여겼다. 인도에서 매우 광범위하게 사역했던 어느 한 선교사를 만난 적이 있었다. 그는 성경이라고는 시편 23편 중에서도 몇 구절만을 알고 있던 여인에 대한 이야기를 들려주었다. 그 선교사가 그 여인에게 성경을 주겠다고 하자 그녀는 오히려 거절하면서 "오! 너무 많아요. 저는 저의 평생 동안 이 몇 구절을 의지해서 살아왔습니다. 이 말씀들은 너무 깊고 풍성하여 내 영혼은 충만하고 기쁘답니다"라고 말했다고 한다.

몇 구절의 말씀이라도 이 여인의 평생의 삶을 만족시킬 수 있는데, 정작 성경을 전부 가지고 있는 많은 사람들이 그 말씀을 무시하며 살아가고 있다. 만약 당신도 그런 사람들 가운데 한 명이라면, 당신의 마음은 아마도 새로 기경해야 할 묵은 땅과 같은 상태일 것이다.

우리를 위대하게 만들어 주는 그 다음 것으로는 하나님의 진정한 종들을 존중하는 마음이다. 하나님의 눈에 고귀한 존재들은 하나님의 임재가 담긴 그릇들을 존중한다. 이러한 인식은 지역 교회로부터 실제 생활에 발휘되기 시작한다. 하나님이 당신을 교회의 지체로 섬기게 하셨다면 원수에게 지지 않도록 하라. 가끔 "나는 목회자가 필요

없어요. 장로들도 없어도 되고요. 교회 리더들을 원하지 않아요. 교회 안에 있는 그런 '죄인'들과 관계를 맺을 이유가 없지요"라고 말하는 사람들이 있다. 너무나도 자주 사람들은 살아 있는 유기체인 교회 공동체를 쉽게 떠난다. 교회 공동체를 떠난 사람들은 하나님의 기름 부음이 두 배나 필요할 때도 정작 받을 수 없다. 왜냐하면 하나님은 교회를 기름 부음의 통로로 삼으셨기 때문이다.

우리를 위대하게 만드는 것이 하나 더 있다. 바로 단순함이다. 우리는 언제나 더 많은 물질을 원해서는 안 된다. 왜냐하면 세상 욕심은 만족을 모르기 때문이다. 디모데전서 6장 6절에서는 "그러나 자족하는 마음이 있으면 경건은 큰 이익이 되느니라"라는 교훈을 주고 있다. 우리가 기적의 하나님 안에서 만족하면 그분은 그분의 말씀과 영광을 우리 삶 가운데 열어 보여 주신다.

수넴 여인은 그의 인생 가운데 많은 손실을 맛보았지만 위엄을 잃지 않고 살았다. 그녀는 자신의 재산과 사회적 지위에도 불구하고 부족한 것이 있었는데, 성경에 의하면 바로 자녀 문제였다. 불임은 누구에게도 가슴 아픈 빈곤이요, 결핍이었다. 그녀는 수치스러웠고, 내적으로도 괴로웠지만 만족했다. 그녀는 간절한 마음으로 갈구했지만 그것이 이루어지지 않은 것에 대해 원망하거나 씁쓸한 태도를 취하지 않았다. 그녀가 "모두 다 괜찮아"라고 말할 때, 그것은 가식이 아니었다. 그녀는 자신의 진정한 정체성 안에서 평안을 누릴 수 있었기 때문에 자신의 운명을 받아들일 수 있었다.

기적의 씨앗은 하늘 아버지의 자녀라는 정체성 안에 심겨져 있다.

우리의 정체성, 곧 우리의 과거와 현재, 그리고 미래는 우리보다 더 크고 위대한 분의 말씀에 의해 규정되는 것이다. 우리가 주님과 교제를 나눌 때, 곧 그분 안에서 쉴 곳을 찾고 그분을 만날 방을 마음 가운데 마련하고 그분을 예배하고 찬양할 때 변화된다. 영원한 말씀으로 일시적이고 변덕스러운 환경을 그분의 관점으로 이해하는 시각을 갖게 된다. 즉, 우리가 변화되어 영원한 왕과 그분의 영광을 다른 사람들에게 드러내는 위대한 사람들이 되는 것이다.

이 세상의 모든 이웃들 가운데 하나님은 수넴 사람들을 두기 원하신다. 당신이 어디에 있든지, 중동 혹은 유럽에 있든지, 미국이나 캐나다 혹은 아프리카에 있든지, 인도 혹은 호주에 있든지, 예수 그리스도와 그분이 흘리신 보혈, 그리고 성령님의 능력으로 당신은 그분의 영광에 참여할 수 있다. 당신의 삶은 그분이 거하실 처소가 된다. 이러한 삶이야말로 완성된 것이요, 구속받은 것이고, 기적을 체험하는 삶인 것이다. 그 삶은 바로 하나님의 영광을 당신 주변에 있는 사람들에게 전달하는 삶인 것이다.

나는 누구이며 왜 여기에 있는가

오늘날 많은 종교의 영성들이 차고 넘친다. 무신론은 더 이상 멋져 보이지 않는다. 상대주의가 치고 들어왔다. 다문화주의가 새로운 도덕이 되었다. 다문화주의는 본질적으로 정체성의 경계를 없애고자 하는 인본주의의 영이다. 도덕적 확신보다 여론 조사가 사회와 문화를 움직이게 되었다. 누군가가 세계 시장을 조정하고 있는데, 우리 대부분은 그 사람이 누구인지도 모르고, 이에 대해 별로 이야기하지도 않는 것 같다. 우리 세대는 역사의 그 어느 세대보다 약을 더 남용하고 있고, 더 스트레스를 받고 있으며, 더 역기능적이고, 가상과 상상 그리고 두려움에 의해 더 조종되고 있다. 우리는 우리가 먹는 것, 입는 것으로 규정된다고 믿는다. 우리는 우리 몸에 그린 문신이 곧 자신을 대표한다고 생각하며, 우리는 우리가 소유한 차와 우리가 사는 집이 우리가 어떤 사람인지를 보여 준다고 믿는다.

사도행전 17장에서 사도 바울은 당시 아테네에서 큰 영향을 끼치던 위대한 철학자들에게 말했다. 그는 알지 못하는 신에게 드려진 제단을 보고 한탄한다. "내가 두루 다니며 너희가 위하는 것들을 보다가 알지 못하는 신에게라고 새긴 단도 보았으니 그런즉 너희가 알지 못하고 위하는 그것을 내가 너희에게 알게 하리라"(23절).

그리고 사도 바울은 다음과 같이 설명했다. "우주와 그 가운데 있는 만물을 지으신 하나님께서는 천지의 주재시니 손으로 지은 전에 계시지 아니하시고 또 무엇이 부족한 것처럼 사람의 손으로 섬김을 받으시는 것이 아니니 이는 만민에게 생명과 호흡과 만물을 친히 주시는 이심이라 인류의 모든 족속을 한 혈통으로 만드사 온 땅에 살게 하시고 그들의 연대를 정하시며(예를 들어 지금 이 순간) 거주의 경계를 한정하셨으니(예를 들어 당신이 살고 있는 곳) 이는 사람으로 혹 하나님을 더듬어 찾아 발견하게 하려 하심이로되 그는 우리 각 사람에게서 멀리 계시지 아니하도다 우리가 그를 힘입어 살며 기동하며 존재하느니라"(행

17:24-28).

우리가 그렇게 애타게 찾고 있는 정체성이란 무엇인가? 그것은 바로 하나님을 아버지로 인정하고 모시는 것이다. 이것이야말로 인간이란 말의 진정한 의미이다. 신학적인 말로는 이마고 데이(Imago Dei), 즉 하나님의 형상을 뜻한다. 창세기 1장 26-27절에서 볼 수 있는 하나님의 형상(히브리어로 '첼렘 엘로힘')이란 말은 문자적으로는 '어디로부터 절단되어 전능하신 하나님의 이미지 안에 형성된 것' 이란 뜻이다.

이 교리가 우리 인간에게 주는 교훈과 도전에는 네 가지가 있다. 첫 번째 우리 인간들은 알고 추론하며 도덕적인 결정을 내릴 수 있다는 것이다. 두 번째 우리는 하나님을 대표하여 이 땅을 다스리라고 부름 받았다는 사실이다. 세 번째 우리는 하나님과 관계를 맺고, 다른 사람들과 관계를 맺음으로써 삼위일체 하나님 안에서 풍성한 연합과 유대를 반영할 능력이 있다는 것이다. 네 번째 우리는 우리를 제외한 나머지 창조 세상 안에서 하나님의 성품을 구현하는 것을 통해 하나님께 영광을 돌리라고 창조되었다는 것이다. 오직 인간들만이 이와 같은 특성들을 가지고 있다.

정체성의 열쇠

한 영국 사람에 대한 이상한 뉴스를 들은 적이 있다. 한 남자가 죽을 때 유언장을 남겼는데, 자신을 화장시킨 다음 물고기 밥과 섞어 자신이 즐겨 낚시하던 연못에 뿌려 달라고 했다. 그리고 친구들에게 그 연못에 가서 자신을 먹은 물고기들을 잡아서 먹어 달라고 했다고 한다. 좀 기괴하지 않은가? 이 사람은 정체성에 대해 혼란스러운 생각을 갖고 있었다. 그렇지만 이 일은 정체성을 아는 것이 왜 중요한가라는 문제에 대해 시사해 주는 것이 있다.

간단하게 말해서 우리는 우리가 누구인지를 알고 있다. 왜냐하면 하나님은 '스스로 있는 자'이며 우리는 '스스로 있는 자' 안에 있기 때문이다. '스스로 있는 자'께서 그의 성품과 본성을 열어 보여 주실 때 우리는 우리 자신을 알 수 있다. 그러나 가장 중요한 것은 우리가 그분의 양자요, 양녀라는 사실을 굳건히 붙들 때, 그분의 정체성을 입을 수 있다는 것이다. 이 여행을 떠난 모든 사람들의 미래는 이 물질세계나 사람의 상상에 의해서 움직이지 않는다. 우리의 운명을 쥐고 있는 것은 하나님을 아버지로 인정하고 모시는 것에 달려 있으며, 이로 인해 그분의 임재를 위한 자리를 우리 마음 가운데 마련할 수 있다.

예수님이 십자가를 지셨을 때 그분은 당신을 마음에 품으셨다. 기억하라! 그분은 이 세상을 만드시기 전에 당신을 생각하셨다. 그분의 사명은 십자가를 지시는 것이었고 그 사명을 다 이루셨다. 예수님이 살아 계실 때 성령 하나님이 예수님 위에 임재하기 위해 이 땅에 오셨다. 예수님이 세례를 받으신 후 그분은 완벽히 자신을 내어 드렸고, 하나님은 이를 기뻐하셨다.

요한복음을 보면 성령님은 형체를 가지고 예수님 위에 머무셨다. 그리고 예수님이 묻히신 무덤에서 성령 하나님은 다시 오셔서 부활의 생기를 그 입에 불어넣으셨다. 시편 29편을 보면 주님을 찬양하는 내

용이 잘 나와 있다. "여호와의 소리가 물 위에 있도다 영광의 하나님이 우렛소리를 내시니 여호와는 많은 물 위에 계시도다"(3절). "여호와의 소리가 힘 있음이여 여호와의 소리가 위엄차도다"(4절). "여호와의 소리가 암사슴을 낙태하게 하시고…그의 성전에서 그의 모든 것들이 말하기를 영광이라 하도다"(9절).

나(보니, Bonnie)는 넷째 아이를 임신했을 때 이 말씀의 능력을 맛보았다. 나는 전치태반이라는 합병증을 앓게 되어 임신 내내 출혈로 고생했다. 심지어 두 번이나 죽음의 고비를 넘긴 적도 있다. 임신 25주, 곧 6개월이 좀 지나 결국 태반을 적출(摘出)할 수밖에 없었다. 뿐만 아니라 양수가 터져 아이가 자궁 안에서 생존할 가능성이 매우 희박했다(의사도 아이의 심장 소리를 들을 수 없다고 했다). 의사들은 제왕절개를 하러 나를 응급실로 데리고 갔다. 그 어둡고 두려웠던 시간에 하나님이 나에게 말씀하셨다. 그분은 내가 아들을 낳게 될 것이니, 이름을 아론이라고 하라고 말씀하셨다. 그 아이는 죽지 않고 살 것이라며 나를 안심시켜 주셨다.

나는 이동용 침대에 누워 있었는데, 의사와 간호사들이 나를 옮기려 할 때 갑자기 어떤 사람이 방으로 들어와 내 침대 머리맡에 섰다. 그리고 그분은 입을 열어 목소리를 발하셨는데, 그 목소리는 사람의 목소리와 같은 말이 아니라 천둥과 번개처럼 능력이 빛처럼 발산되는 것이었다. 그분의 능력, 곧 그 입에서 나온 목소리가 내 성대를 울렸다. 그 능력은 나로 하여금 의사에게 "나는 자연 분만으로 이 아이를 낳을 수 있어요"라고 말하게 했으며, 그 음성은 나를 관통해 나의 자궁을 감쌌다. 몇 초 뒤에 나는 조그만 울음소리를 들었다. 마치 갓 태어난 고양이 같은 소리였다. "응애. 응애."

나는 손가락으로 아이를 가리키며 의사에게 물었다. "그 아이 사내아이 맞죠? 그렇죠?" 의사는 깜짝 놀라서 나를 바라보았다. 그러고는 내 말이 맞다고 했다. 그는 그의 손으로 죽은 것처럼 보이는 아이를 들고 있었다. 나는 "그 아이의 이름은 아론이고, 그는 살아요. 죽지 않아요"라고 말하곤 혼절했다.

아론은 정말 살았다. 이제 그는 대학을 졸업한 건강하고 총명한 청년이 되었다. 하나님의 목소리는 정말 힘이 있으시다. 영광의 하나님은 천둥과 같다. 그분은 시작이요, 끝이며 그 사이에 존재하는 모든 것이다. 우리가 우리 자신이 누구이며 우리가 왜 여기 있는지를 이해한다면 기적을 일으키시는 하나님의 임재를 위한 마음의 자리를 만들 수 있다.

그렇기 때문에 이제 당신에게 질문을 한다. 당신은 누구인가? 당신은 하늘과 땅을 창조하신 전능하신 하나님의 영원한 자녀이다. 당신은 지금 왜 여기 있는가? 당신은 그분을 찾고 발견하며 그분의 형상에 따라 온전해지기 위해 여기에 있는 것이다. 당신이 예수님을 믿어 소유하게 되면 당신의 진정한 정체성에 다가갈 수 있는 열쇠를 지니게 된다. 당신은 살아갈 이유를 발견한 것이다. 왜냐하면 그 이유는 우리가 죽어도 좋을 만한, 목숨을 걸 가치가 있는 것이기 때문이다.

요한복음 1장에 보면 베드로의 동생은 하나님이신 예수님을 보았다. 그는 형에게 달려가서 "우리가 메시아를 만났다"고 했으며 예수님이 베드로를 보셨을 때, 예수님은 "네가 요한의 아들 시몬이냐"고 물으셨다.

이 질문을 통해 예수님은 실제로 베드로에게 "너는 네가 누구인지 아느냐"고 물어보신 것이다. 그리고 마치 그분이 자신의 질문에 스스로 답을 하시는 형식을 띠며 베드로에게 새로운 이름을 주셨다. 그 이후로 베드로는 평생 동안 시몬 베드로로 불렸던 것을 주목하라. 그리고 그가 죽어서야 시몬 베드로는 자신이 '스스로 있는 자' 안에 있다는 것을 알게 되었고, 단순히 베드로라 불리게 되었다.

그 사람은 변화되었다. 그의 정체성과 그의 형상이 변화된 것이다. 우리는 베드로의 연약함을 알고 있다. 베드로가 예수님을 부인했을 때 그는 자기 자신이 누구인지 잘 몰랐다. 그는 어쩌면 하나님이 누구신지에 대해서도 전적으로 확신을 갖지 못했던 것 같다. 그러나 예수님은 "나는 너를 위한 계획을 갖고 있다. 나는 진흙을 빚어 나처럼 만들 것이다. 이기고 승리한 어린양처럼 말이다"라고 말씀하셨다.

베드로의 말년을 아는가? 그는 자신이 믿고 있는 바를 위해 기꺼이 죽을 수 있었다. 교회 전승에 의하면 베드로는 십자가형을 거꾸로 받았다고 한다. 그는 감히 주님처럼 십자가형을 제대로 받을 수 없었던 것이다. 그는 비로소 베드로, 곧 반석이 되었다. 그는 적들이 죽이겠다고 위협할 때, 자신의 정체성을 그리스도 예수 안에서 찾을 수 있었다. 마침내 그는 흔들리지 않는 반석이 되었다.

이스라엘 가자(Gaza) 지구에 있는 하마스 단체의 최고 지도자의 아들 가운데 한 명이 그리스도를 믿게 되었다는 소식이 캘리포니아에서 타전되었다. 그러자 그는 자기의 고국으로부터, 그의 가족으로부터, 그의 친한 친구들로부터 도망 나올 수밖에 없었다. 그는 죽음으로 끝날 수밖에 없는 정체성을 버렸다. 그는 자신의 아버지와의 관계가 단절되었지만 자신의 아버지도 진리 되신 예수님을 만나게 되길 기도한다고 했다.

정체성은 아버지로부터 기인한다. 모든 영혼은 타락한 아버지 아담으로부터 나왔기 때문에 죽을 수밖에 없다. 그러나 그리스도는 죽음의 권세를 깨뜨리고 우리를 하나님 아버지의 나라로 옮기시며 그분의 왕국을 기업으로 주신다.

당신은 하나님 앞에서 위대한 사람으로 인정받고 싶은가? 그렇다면 위대하신 '스스로 있는 자'께서 어린 아이를 인도하는 것처럼 당신을 그에게로 이끄셔서 당신이 진정 누구인가를 보여 주실 수 있도록 기회를 드리라. 당신이 추구하는 것이 바로 여기에서부터 시작된다.

제2장

/

내 꿈이 사라진 게
내 탓인가요

그들이 눈물 골짜기로 지나갈 때에 그곳에 많은 샘이 있을 것이며 이른 비가 복을 채워 주나이다(시 84:6).

Make Room For Your Miracle

수넴 여인이 말하길…

어느 날 밤 아버지 덕분에 내 꿈이 이루어졌습니다.

해가 지고 난 어느 날 조용한 저녁 저는 옥상 둘레에 쳐져 있는 돌 난간에 기대어 서 있었어요. 우리 옥상은 우리 인생의 모든 것이 그런 것처럼 경계가 있었답니다. 우리나라 법에 의하면 모든 집은 옥상에 낮은 벽을 둘러야 했어요. 혹시 누군가가 옥상에서 떨어져 죽게 되면 집에서 피를 흘리게 한 죄를 범한 것이 되기 때문이지요.

저는 주변의 집들과 그 너머 시골 지역이 어두워지는 것을 응시하고 있었어요. 몇몇 집의 창문을 통해 등불이 켜지는 모습이 보였습니다. 성문 위의 누대(樓臺)에서 야경꾼이 켠 등불이 오렌지색으로 빛났으며, 길머리에 있는 포도원에서도 등불이 켜졌습니다. 그 너머 하늘에는 새로운 달의 시작을 나타내는 초승달, 곧 로쉬 초데쉬(rosh chodesh)가 은빛 낫처럼 걸렸습니다. 하늘이 웃음을 짓는 것 같았고, 마치 창조주가 그분의 높고 편한 자리에서 윙크를 하시는 것 같았습니다.

길가 저 밑 어디선가 어느 사냥개 한 마리가 자기 짝을 찾는지 길고 슬프게 짖어댔습니다. 저는 한숨을 쉬며 그 외로운 마음에 공감했지요. 저는 그때 열여섯 살이었는데, 정혼자(定婚者)조차 없었습니다. 제

나이 또래의 여자라면 대부분이 이미 첫 아이들을 낳아 귀하게 키우고 있었답니다.

성인식을 치른 지 벌써 삼 년이 지났어요. 성인식 때 어머니는 저에게 잔치에 입고 가라고 곱게 빗질한 양털로 아름다운 새 짧은 코트를 만들어 주셨었어요. 어머니와 숙모님이 직접 석 달이나 걸려 한 베틀에서 서로 번갈아 가며 양털로부터 실을 자아내어 옷을 짜 주셨답니다. 두 분은 전문가이셨지요. 부드러운 크림색의 양털실을 절묘할 정도로 아름다운 깊은 보라색으로 염색해 주셨어요. 그 색은 새벽을 기약하는 이른 아침의 하늘 색깔이지요. 그리고 그 염료는 페니키아 사람들이 쓰는 것으로 바다 연체동물로부터 추출한 것인데, 바로 지성소의 휘장을 염색할 때 쓰는 염료와 같은 것이라고 몇 번씩이나 말씀해 주셨어요.

어머니는 옷을 황토색과 적색으로 물들이며, 모자이크 패턴을 따라 아름다운 자수를 놓았습니다. 아버지는 제 지참금으로 열두 개의 은화를 어머니에게 주셨어요. 그 은화들은 내 결혼식 때 쓸 베일(veil)에 달 것이었습니다. 그 베일을 쓰게 되면 내 눈썹 높이에 장식을 다는 셈이 됩니다.

그 은화들을 단 베일과 함께 저의 나머지 지참금을 모두 다 함(函)에 넣어 두었는데, 지금은 방 한쪽 구석에 조용히 때를 기다리고 있답니다.

제가 이런저런 생각을 하며 손가락으로 차가운 돌난간을 가볍게 두드리고 있었을 때 아버지께서 계단을 올라오시는 소리가 들렸습니다. 아버지는 어디선가 저녁을 드시고 좀 늦게 돌아오시는 길이었지요.

"잘 지냈니? 딸아?" 아버지가 저에게 다가오시며 말을 건네셨어요. 저는 아버지의 양 볼에 키스를 해 드렸죠.

"아버지, 다녀오셨어요!"

우리는 잠시 침묵 가운데 서 있었는데, 저는 아버지가 무엇인가 중요한 할 말이 있다는 것을 감지하고 기다렸지요. 성문의 누대(樓臺)에서 빛나는 불이 우리 주변에서 어른거렸고 쏙독새 한 마리가 멀리서 쏙독쏙독 우는 소리가 들렸습니다.

"아마 지금쯤 왕도 자신의 왕국을 살피며 궁전의 옥상 위를 거닐고 있겠구나." 아버지는 제 쪽을 바라보지 않고 말씀하셨습니다. 마치 자기 자신에게 읊조리는 것 같았습니다. "언젠가는 그와 그의 아내가 난간도 없는 그 옥상에서 넘어질 날이 올 게다."

아버지는 거기 다녀오셨던 것입니다. 도시에서 사람들과 정치에 대해 논하고 오셨던 거지요. 아버지는 몸을 돌려 저를 보셨습니다. 아버지의 검은 눈이 반짝반짝 빛이 났습니다. 그리고 마치 세리처럼 손을 비비시더니 "드디어 됐다"라고 말씀하셨습니다.

갑자기 무슨 말씀인지 의아한 눈으로 제가 아버지를 쳐다보았습니다. 무엇이 됐다는 것인지, 제가 모르고 있는 것이 무엇인지 궁금했습니다.

"아버지, 무엇이 됐다는 건가요?" 제가 여쭈어 보았습니다.

"나는 네가 물려받을 유산을 늘 잘 가꾸어 왔단다. 그는 좋은 짝이 될 거야! 딸아, 너는 곧 결혼하게 될 거란다."

저는 헛기침을 한 후, 숨을 죽였습니다. 저는 이 말을 듣기 위해 정말 오랫동안 기다려 왔는데, 정작 그 말을 듣게 되자 불확실한 감정에 휩싸였습니다. 아버지가 저를 위해 신랑감을 고르셨습니다. 그런데 저는 그가 누군지 전혀 알 수가 없었습니다. 아버지는 그 전까지 아무런 말씀도 없으시다가 그날 밤에야 처음으로 말씀해 주셨지요.

아버지가 고른 신랑감은 어떤 사람일까요? 혹시 그가 못 생기지는 않았을까요?

저는 제 신랑감의 성품에 대해서는 신뢰할 수 있을 것 같았습니다. 왜냐하면 우리 아버지는 현명하고 따뜻한 마음을 가진 분이었으니까요. 아버지는 또한 사업에 있어서도 수완을 발휘하셨고, 그가 세운 농장과 집을 내버려 두거나 돌보지 않은 적이 한 번도 없었습니다. 아버지가 종종 말씀하신 것처럼 이 모든 것은 언젠가 제 것이 될 것들이었습니다. 그러나 이 모든 재산이 있어도 못생긴 남편과 사는 것은 또 다른 문제이지요.

두려움이 제 마음 한가운데 스며들었습니다. 한 다스 정도나 되는 무서운 이미지들이 제 눈앞을 지나갔습니다.

"아버지, 제가 아는 사람이에요?" 제 심장은 마치 목까지 올라와 곧 입 밖으로 빠져나오려는 듯이 뛰기 시작했어요. 저는 입다의 딸처럼 느껴졌답니다. 마치 제가 아버지의 맹세 때문에 제 처녀성이 제단 위에 바쳐지는 것 같은 기분이랄까요. 저는 제 시중을 드는 하녀들 사이에서 몇 주씩이나 울고, 또 그 운명의 날까지 산과 언덕을 거닐며 방황하는 장면을 떠올렸습니다.

아버지의 대답을 기다리는 시간이 마치 평생이 지나는 것처럼 느껴졌습니다.

"욕단이라는 사람인데, 우리의 이웃이기도 하고, 아버지의 사촌 집안의 아들이란다. 그는 유산으로 물려받을 땅도 있고, 아주 좋은 농부이며, 귀족이란다. 너는 존중받으며 살게 될 게다. 그리고 네 아들들이 그의 땅과 너의 땅을 유산으로 물려받게 될 게다."

아버지는 분명 욕단이라고 말씀하셨습니다! '그는 홀아비였지만 수넴의 모든 여인네들의 눈을 사로잡은 사람이 아니던가.'

저는 눈을 둘 곳을 몰라 하늘을 쳐다보았습니다. 어렸을 때 저는 무엇인지는 몰라도 뭔가 좋은 일을 했었나 봅니다.

아버지가 욕단의 좋은 성격과 높은 지위에 대한 이야기를 해 주실 때, 행복이라는 별이 제 눈앞에서 춤추고 있었습니다.

달의 은빛 웃음이 밤하늘을 두 번 질러가기도 전에 욕단이 우리 집으로 와서 저를 데리고 갈 수 있도록 신랑의 친구들이 밤길을 밝혔습니다. 결혼식을 위해 쳐 놓은 장막(히브리어로 허파-huppa) 밑에 서 있을 때 저는 빛이 날 정도로 예뻤나 봅니다. 우리들에 대해서 사람들이 이런 말 저런 말을 주고받으면 받을수록 염려하는 마음이 커졌습니다. 동전을 매달아 소리가 나는 베일 안에서 저는 옆에 있는 신랑을 쳐다보았습니다. 왕처럼 당당해 보였지만 이미 나이가 좀 들어 보이기도 했고, 무엇보다 낯선 사람처럼 보였습니다. 우리가 첫날을 보낼 신랑의 집이 바로 벽 하나 건너편이었지만 저에게는 마치 다른 세상의 건너편인 것처럼 여겨졌습니다.

존귀한 사람들이 경의를 표하고 우리의 결혼을 축하해 주었습니다.

우리는 윤기 나는 단지와 침대보와 동전, 그리고 동방으로부터 온 주홍빛 카펫을 선물로 받았습니다. 손님들은 피로연의 주인공인 신랑과 신부가 집으로 돌아간 다음에도 계속 먹고 마셨습니다.

피로연의 밤이 깊어 가자, 저는 생소한 침대 위에 누웠습니다. 잠들 수 없었습니다. 드디어 욕단이 제 옆에 누웠습니다. 저는 이 결혼에 온 신경을 썼고, 매우 기뻤지만 갑자기 자신이 없어졌습니다. 그래서 전능하신 하나님께 제 마음을 진정시켜 달라고 기도했습니다.

그 다음 날, 하인들이 씻을 물을 가지고 왔을 때 저는 그들의 눈을 볼 수 없었습니다. 그들은 첫날밤을 치른 침대보를 제 시어머니에게 가지고 갔고, 곧 우리의 결혼은 완성되었습니다. 제가 처녀였다는 사실을 떨리는 목소리로 온 세상에 선포하는 소리가 들렸습니다.

아침이 되자, 저는 우리 아버지가 늘 그러하듯이 남편도 밖으로 나갈 것이라고 생각했습니다. 그래서 저는 집에 다른 여인들만 남게 되면, 구실을 찾아 어머니를 뵈러 가야겠다고 생각했습니다. 저는 정말 집에 가고 싶었거든요. 그런데 욕단은 나가지 않더군요. 그는 이틀 밤과 낮 동안 거의 제 곁을 떠나지 않았습니다. 그런데 또 바로 안식일이 시작되었답니다. 결혼식 후 한 주만 지나도 저는 배가 불러올 것이라고 생각했습니다.

사실 다른 모든 사람들도 그러길 기대했지요. 한 달이 지나가고 또 한 달이 지났습니다. 모든 사람들이 저를 주목했습니다. 시어머니는 물론 온 가족들과 수넴에 사는 양가 모든 친척들까지 말입니다. 그들은 모두 좋은 소식이 없느냐고 물어보곤 했습니다. 아이에 대한 소식

말입니다. 그러나 저는 그 소식을 전할 수가 없었습니다.

한 해씩 해가 바뀌어 갈수록, 희망과 기대는 조급함으로 변하고, 분노로 악화되어졌습니다. 왜 저에게 이런 일이 생긴 걸까요?

※

아무리 작은 결정이라도 큰 결정과 다름없이 중요할 때가 있습니다. 어려운 사람을 도우려고 시간을 내는 결정이나 세상 모든 사람들이 열광하고 있는 것들을 내려놓고자 하는 결정, 혹은 모든 사람들이 거짓말이라고 할 때 믿고자 하는 결정 같은 것들이 그렇습니다.

어떤 결정들은 우리를 위해 내려진 것처럼 보이기도 합니다. 저는 제가 아들과 딸, 한 명씩을 낳기 원했지만 아무리 노력해도 그런 일은 일어날 것 같지 않았습니다. 저는 최대한 의롭게 살고자 노력해 왔습니다. 저는 성실하게 율법을 준수하며 살았습니다. 우리는 초승달이 떴을 때와 안식일에는 갈멜에 가서 봉헌을 하고 선지자들의 가르침을 받았지만 제가 간절히 원했던 축복, 곧 저를 아내요 어머니로 인정받게 해 줄 그런 축복은 받지 못했습니다.

시간이 흐를수록 점점 희망이 사라지기 시작했습니다. 그 응답이 너무 지체되어 더 이상 기대하지 않게 되었습니다. 가장 소중한 꿈이 저를 피한 셈이죠. 저는 그 꿈을 마음 한켠에서 밀쳐놓았습니다. 어느 순간 그 꿈이 완전히 사라져 버린 것 같았습니다. 그 후 몇 년이 더 흘렀습니다. 우리는 빵을 만들고 옷을 만들었습니다. 한 가지만 빼고 저는 귀족의 아내로서 부족함이 없었습니다. 그러나 그 부족한 것 하나가 정말 중요한 것이었지요.

몸의 일부분이 수치스러워서 버리고 싶다면 어떻게 해야 할까요? 저의 자궁은 여호와 하나님께 창조받은 것이지만, 그 목적대로 기능하지 못해 자신의 운명을 저버렸습니다. 자기혐오는 분노가 되었고, 수치는 그 끝을 모르게 되었습니다. 저는 그 꿈 때문에 오히려 눈물의 골짜기로 내려갈 수밖에 없었습니다.

시간이 흐르자, 저는 제가 불임이라는 사실을 받아들일 수밖에 없었습니다. 제가 할 수 있는 일이라곤 이 세상에서 아무것도 없었습니다. 그러나 저는 슬픔 때문에 오히려 주변에서 고통당하는 사람들을 돌아보는 사람이 되었습니다. 저는 특별히 신체적 결함이나 질병 때문에 버려진 사람들에게 마음이 끌렸습니다. 사실 그 모든 것이 동병상련 때문이었겠지요.

이제 우리는 들으며…

예수님이 갈보리에서 모든 것을 이루셨기 때문에, 우리는 인생의 광야 체험을 완전히 새로운 시각으로 바라볼 수 있다. 하나님이 우리를 광야로 인도하실 때 그분은 우리를 변화시키신다. 그분은 우리를 치료하시고, 우리 마음 가운데 있는 낡은 우상을 부수시며, 우리의 유산을 보이신다. 그렇게 함으로써 기적의 근원이신 하나님이 거하실 만한 처소를 우리 마음 가운데 두지 못하게 하는 모든 것을 제하여 나가신다.

성경에 기록된 이야기 중 광야 생활에 대한 가장 대표적인 이야기는 바로 출애굽 사건이다. 그들은 애굽을 떠났다. 그들은 엄청난 구원을 맛보았고, 위대한 승리를 거두었다. 그리고 나서 하나님은 그들을 광야로 이끄셨다. 그때 그들이 주님을 따랐는가? 물론 주님을 따랐다. 그렇다면 그들이 하나님을 놓쳤는가? 그렇지 않다. 분명 그들은 주님을 따랐다. 그러나 그들은 주변을 돌아보며 다음과 같이 말했다. "이봐, 여기는 광야처럼 보이잖아. 광야 같은데…. 여기는 광야야!"

이스라엘 백성들은 4백 년 동안 노예로 살았다. 그들은 살아 계신 하나님의 제사장이요, 왕처럼 생각하고 말하며 믿기보다 노예처럼 생각하고 말했다. 그들은 자신들을 향한 하나님의 뜻과 계획을 이해하지 못했다.

하나님은 우리에게도 그렇게 하시듯이, 광야 생활을 통하여 그들에게 계시를 주셨으며, 결국 그들을 가나안으로 인도하셨다. 이것은 하나님이 사랑하는 자녀에게 인생의 쓰라린 경험을 하도록 기꺼이 허락하신다는 이야기다.

그 당시에는 아프다. 어떤 사람은 결혼 생활이 고통스러울 수도 있다. 별거를 하거나 이혼을 할 수도 있다. 어떤 사람은 어머니와 자신을 학대하는 알코올 중독자 아버지 밑에서 자랐을 수도 있다. 자녀의 질병 때문에 고통당하는 부모도 있다. 이러한 광야 생활 가운데 있을 때 우리는 잘못된 신학적 사고 때문에 더 큰 희생을 치르기도 한다. 우리는 이렇게 착각하며 생각할 수 있다. '하나님이 나를 사랑하신다면, 이런 일은 일어날 수 없는 거야.' 이러한 생각에 속지 말라. 그 고통 가운데서도 하나님은 언제나 우리를 정결케 하시며 치료하신다.

이스라엘 백성들의 불평이 심해지자 모세는 살아 계신 하나님께 도움을 구했다. 하나님은 나무를 하나 보여 주셨다. 어쩌면 나뭇조각이었을 수도 있다. 모세는 그것을 못에 던져 넣었다. 그러자 곧 그 물이 깨끗해져서 수백만 명의 사람들이 마실 수 있게 되었다.

결심 위에 견고하게 서라

광야, 인생의 고통, 시험 등이 필요한 이유가 무엇인가? 하나님은 인생의 과정을 통해 우리의 반응을 살펴보신다. 그러면서 우리의 믿음을 단련하기 원하신다. 하나님은 그분을 따르겠다는 결정을 귀하게 보시고 귀중한 것을 맡기려 하신다. 그래서 시험해 보시는 것이다. '믿음을 넘어선 믿음'을 소유하기 위해서는 자신의 희망이 사라져도 그분을 기꺼이 따르겠다는 자원함이 있어야 한다. 그 단계까지 가는 것은 여정이라는 사실을 받아들여야 한다. 표면적인 믿음은 단련되어진, 증명된 믿음이 아니다. 굳건한 믿음은 오직 시험을 통해서만 깊이 뿌리내릴 수 있다. 도전을 피하면 믿음이 크게 자랄 수 없다. 주저하고 우유부단하게 행동하면 잡초가 자라 우리의 믿음이 질식되고 말 것이다. 자신의 결심과 결정이 사라지고, 희망 또한 빗겨간다.

아브라함은 '갈 바를 알지 못하고' 나아갔다. 그 후에 하나님은 그에게 말씀하셨다. "아브라함아, 나는 너를 너의 아버지 집에서 불러내어 너도 모르는 땅으로 부르고 있다. 나는 너의 후손들이 하늘의 별처럼 많아지게 할 것이다." 이 약속은 이삭에게서 성취되었다. 그렇다면 이스마엘은 어디서 왔는가? 아브라함은 결심이 흔들리기 시작했고, 그의 우유부단함 때문에 하나님의 계획과 뜻을 자신의 방법으로 이루고자 했던 사라의 계획에 동참했던 것이다. 당신이 주님을 따르기로 했다면 당신의 그 결정이 연단받게 될 것임을 예상하라.

이스라엘은 하나님의 약속을 받았다. "네가 심지 않은 포도밭에서 먹게 될 것이요. 네가 파지 않은 우물을 얻게 될 것이다"라는 약속이었다. 그러나 첫 번째 세대는 그들의 약속의 땅 바로 앞에서 흔들렸고, 결국 광야에서 죽었다. 하나님은 그의 백성들을 자연으로부터 아무것도 얻을 수 없는 광야에서 연단하셨다. 그들은 그 광야에서 오직 하나님만을 의지하는 법을 이해하고 익힐 수 있었다.

당신은 "나는 모든 희망을 잃어버렸어!"라고 말했던 적이 있는가? 당신은 다시 희망의 장소로 들어갈 수 있다. 영원한 희망이요, 실제적인 희망이며, 그리스도 예수 안에 있는 희망 말이다. 그러나 그 입구는 가끔 고통스럽다. 호세아 2장 15절을 보면 하나님이 환난(아골 골짜기)으로 소망의 문을 삼아 주신다는 것을 알 수 있다.

예수님의 경우를 통해서도 우리는 이 점을 배울 수 있다. 그분은 계시와 성경을 통하여 자신이 누구인지 아셨다. 그분이 메시아로서의 공생애를 시작하시자마자 성령에게 이끌리시어 광야로 가셨다. 그분은 40일 낮과 밤을 완전히 금식하셨다. 이후에 그분은 주리셨고, 그때 유혹이 왔다. 그만두라는 유혹은 우리가 성령 충만할 때 찾아올 것 같지는 않다. 그러나 꼭 그런 것만은 아니다. 우리가 하나님의 부르심에 응답할 때 우리는 종종 광야로 인도된다.

이것이 믿음의 신비이다. 우리는 우리의 희망이 깨어질 수 있다는 사실을 알아야 한다. 예수님은 십자가에서 부서지셨기에 승리하셨다. 예수님은 그 앞에 놓인 기쁨을 위해 그 쓴 잔을 기꺼이 드셨다. 따라서 우리는 하나님이 우리 삶의 광야 시절에도 우리를 먹이시고 입히신다는 사실을 신뢰해야 한다.

이스라엘 백성들의 옷과 신발은 해어지지 않았다. 그들의 양식은 말 그대로 날마다 하늘에서 떨어졌다. 거기에는 포도원도 없었고, 먹을 것이라고는 그 어떤 것도 찾아볼 수 없었다. 그 땅은 뜨겁고 건조한 불모의 땅이었다. 그렇기 때문에 하나님의 영이 그들 위에 함께하셨다. 낮에는 구름이 그 열기를 막아 주었고 밤에는 불기둥이 그들을 따뜻하게 지켜 주었다. 사막은 낮에는 덥고 밤에는 춥다는 것을 모르는 사람은 없을 것이다. 불가능한 환경이었지만 그 어린양께서 도우셨다.

시험을 통한 연단은 그분의 영원한 반려자, 곧 왕이신 하나님의 신부요, 일곱 금 촛대의 한 가운데 그 어린양과 함께 설 자들, 또한 생생한 계시의 자리에 늘 거할 사람을 준비시키시는 데 꼭 필요한 과정이다. 광야 체험을 허락하시는 하나님께 감사하라.

골짜기를 통과하라

"그들이 눈물 골짜기(혹은 바카 지역의 골짜기)로 지나갈 때에 그곳에 많은 샘이 있을 것이며 이른 비가 복을 채워 주나이다"(시 84:6). 당신이 하나님의 백성이라면 바카 골짜기, 곧 눈물의 골짜기를 지나야만 할 것이다. 그러나 주목해야 할 사실이 있다. 성경은 지나간다고 말하고 있다. 당신이 그곳에서 영원히 살 것이라고 말하고 있지 않다. 당신은 거기에 머물 필요가 없다.

가끔 우리의 꿈에 구름이 끼고, 하나님 안에서 우리가 나아갈 바를 알지 못할 때가 있다. 이런 일이 생길 때 우리는 슬픔에 잠겨 눈물 골짜기에 머물려고 하기도 한다. 바른 관점을 갖고 있지 못한 사람들은 그때 원수들에게 패하기도 한다. 그 골짜기가 그저 시험과 연단의 자리라는 것을 이해하기만 해도 그 일들은 빨리 지나갈 것이다. 결국 우리는 그 골짜기를 빠르게 통과하게 될 것이다.

당신이 지금 현재의 어려움 가운데서 앞으로 계속 나아갈 만한 믿음이 없다고 느낄 때, 그때 바로 '믿음이 생긴다.' 어떻게 그런 일이 발생하는 것인가? 성경을 보면 하나님의 살아 있는 말씀을 받을 때, 곧 듣고 또 듣고 주의 깊게 들을 때 믿음이 생긴다(롬 10:17). 하나님의 살아 있는 말씀이 우리의 삶 가운데 생명의 믿음을 부어 주시는 것이다. 당신은 초자연적인 인류에 속한 것이다. 곧 과거 세대에는 감추어졌지만 지금 성령님에 의해 계시된 그 거룩한 신비 가운데 사는 것이다.

성경은 마치 거울과 같다. 당신은 그 거울을 들여다보면, 하나님이 그분의 자비로 당신 자신을 볼 수 있도록 해 주신다. 어떤 때는 좋아 보이기도 하고 어떤 때는 그렇지 않기도 하다. 성경이 우리를 안다고 말하고 싶다. 성경의 저자는 마치 우리의 원조인 아담과 하와로부터 세대와 세대를 거쳐 우리에게까지 유전된 부패한 옛 사람의 이미지, 본성, 성격, 그리고 특성들을 우리의 어깨 너머로 보고 가르쳐 주는 것 같다. 그러나 그것이 끝이 아니다. 그분의 말씀은 살았고, 운동력이 있으며, 능력으로 가득 차 있다.

우리의 마음이 지쳤을 때, 믿음이 없을 때 우리가 더 이상 나아갈 수 없다고 느낄 때, 존귀한 성령 하나님은 말씀을 사용하셔서 전능하신 하나님 자신의 영광을 완벽하게 반영할 수 있도록 우리를 씻기시고, 거룩하게 하시며 세우신다. 이는 개인뿐만 아니라 공동체도 마찬가지이다. 그 영광은 예수 그리스도 안에 나타나셨다. 왜냐하면 예수님이 바로 하나님이셨기 때문이다. 하나님이신 예수님이 어떻게 다른 영광을 나타내실 수 있겠는가? 하나님은 우리를 그분처럼 만들고 계신다. 언젠가 우리는 바로 창조 때와 같이 회복될 것이다. 인간은 하나님과 함께 기쁨과 환희 가운데 영적으로 교감하고 교제할 수 있도록 전능하신 하나님의 이미지요, 지문이요, 신적인 영역의 반영으로 창조된 것이다.

다음 단계는 친밀감이다

> 그러므로 보라 내가 그를 타일러 거친 들로 데리고 가서 말로 위로하고 거기서 비로소 그의 포도원을 그에게 주고 아골 골짜기로 소망의 문을 삼아 주리니 그가 거기서 응대하기를 어렸을 때와 애굽 땅에서 올라오던 날과 같이 하리라 여호와께서 이르시되 그날에 네가 나를 내 남편이라 일컫고 다시는 내 바알이라 일컫지 아니하리라(호 2:14-16).

위의 본문은 당신이 확신하는 진리를 붙들고 흔들리지 않으며 광야 체험을 통과하게 되면 마치 한 남편과 아내가 결혼한 후 서로 알아가며 친밀하게 되는 것처럼 하나님을 친밀하게 알게 될 것이라는 사실을 가르쳐 주고 있다.

"소망이 우리를 부끄럽게 하지 아니함은 우리에게 주신 성령으로 말미암아 하나님의 사랑이 우리 마음에 부은 바 됨이니"(롬 5:5). 우리의 희망을 넘어선 희망의 자리, 우리의 믿음을 넘어선 믿음의 자리에서 우리는 마침내 신적인 체험을 할 수 있게 된다. 그 경험은 바로 만질 수 없는 것이지만, 만져서 알 수 있는 것처럼 확실히 알 수 있는 경험이다. 예수님이 우리를 사랑하신다는 그 사실을 내가 알 수 있는 그 단계인 것이다.

그렇기 때문에 우리의 꿈이 사라지고 또한 우리가 간절히 원하는 것들이 우리의 손끝에 닿지 않을 때도, 우리는 즐거워할 수 있다. "다만 이뿐 아니라 우리가 환난 중에도 즐거워하나니 이는 환난은 인내를, 인내는 연단을, 연단은 소망을 이루는 줄 앎이로다"(롬 5:3-4). 이 환난은 우리를 사랑하셔서 우리를 위해 피 흘리신 그분을 더욱 닮아가도록 도와준다.

성화는 과정이다. 당신은 기름 부음과 지식 가운데 자란다. 당신 안에 치유가 일어난다. 당신이 예수 그리스도를 주(主)님으로 영접했을 때 당신은 어둠의 나라에서 빛과 생명의 나라인 하나님의 나라로 옮겨진 것이다. 고린도후서 3장 18절은 다음과 같이 밝히고 있다. "우리가 다 수건을 벗은 얼굴로 거울을 보는 것 같이 주의 영광을 보매 그와 같은 형상으로 변화하여 영광에서 영광에 이르니 곧 주의 영으로 말미암음이니라." 우리는 지금 변화되고 있다. 아직 완성된 것이 아니다.

마가복음 1장 40-42절에는 아름다운 이야기가 기록되어 있다. 한 남자가 예수님께 와서 무릎을 꿇고 말했다. "선생님께서 하고자 하시면, 나를 깨끗하게 해 주실 수 있습니다." 당신은 나병 환자를 본 적이 있는가? 나(마헤쉬, Mahesh)는 아프리카에서 치유 사역을 할 때 많은 나병 환자를 본 적이 있다. 이 세상의 어떤 지역에는 여전히 나병 환자들이 있다. 손가락이 잘려 나가 손만 남고, 그 다음에는 발가락이 잘려 나가며, 코와 귀도 그렇게 된다. 정말 무서운 질병이다.

잠시, 한번 생각해 보라. 이 남자는 지역 사회와 친구들, 그리고 가족들에게 버림받았다. 전염성이 강하여 몸이 변형된 상태, 어쩌면 손가락과 코가 없는 채로 예수님께 나와 "나를 깨끗하게 해 주세요"라고 말하고 있는 것이다. 예수님은 긍휼한 마음으로 자신의 손을 뻗어 그의 몸에 얹으셨다. 아마도 다른 사람이 자신을 만진 것은 몇 년 만이었을 것이다. 하나님 자신이 그분의 손을 얹으신 것이다.

당신 또한 자신의 삶이 예수님이 만져 주시기를 기다려야 할 정도로 악화되었다고 느낄 수 있다. 당신은 이렇게 말하고 있는지도 모르겠다. "내 인생은 너무 엉망이야. 나는 이런 것을 했어. 나는 저런 것은 하지 않았어. 내 꿈은 이미 사라졌어. 이제 다 끝났어." 많은 사람들이 겉으로는 멋져 보이지만, 그 내면을 보면 상처투성이다. 당신의 상처와 죄책감이 어떤 것이든 간에 예수님은 여전히 긍휼과 자비가 넘치신다.

예수님은 "이봐, 이 불량배야! 너의 악독이 하늘을 찔렀기 때문에 너의 손과 귀가 잘려진 거야"라고 말씀하시지 않는다. 우리의 마음이 무너져 있을 때 우리는 하나님이 우리를 이런 식으로 보고 있다고 생각하기 쉽다. 우리는 우리의 곪은 상처를 갈보리로 가져가 치유받아야 한다. 그분은 우리를 질책하기보다 우리에게 손을 얹으시고 "나는 너와 더욱 친밀해지기 원한다"라고 말씀하신다.

채널을 돌려라

보니(Bonnie)와 나(마헤쉬, Mahesh)는 고통과 상처에 매이지 않도록 우리 자신을 훈련시켜 왔다. 나는 여자 형제 중 한 명을 끔찍한 사고로 잃었다. 그러나 이 일은 이미 하나님의 관점에서 승화되었기 때문에 이에 대해 이야기할 때 더 이상 인간적인 상처와 아픔이 묻어나지 않는다. 그녀의 장례식에서 나는 그날 심겨진 씨앗이 천 배로 열매 맺게 될 것이라고 확신했다. 그리고 그 일 이후에 무슨 일이 일어났는지 아는가? 바로 그해에 아프리카 사역의 문이 열렸다. 그 이후로 이 사역으로 인해 백만 명의 영혼이 예수님께로 돌아왔다.

또 다른 예가 있다. 보니(Bonnie)의 아버지가 어떻게 뉴멕시코 역사상 가장 위대한 보안관 가운데 한 명이 되었으며, 훌륭한 아버지였는지에 대해서는 이미 《폭풍의 전사》(*Storm Warrior*)라는 책에서 충분히 설명했다. 그는 자신의 집에서 살해되었고 그 범인은 잡히지 않았다. 그러나 우리는 그 아픔 안에서 머물러 있지 않았다. 우리는 그런 일이 일어날 때 어떻게 하나님의 관점으로 승화시키고, 그 다음에 채널을 돌리는지를 배웠다.

당신은 여전히 아픔과 상처, 학대와 남용, 그리고 사기에 매여 고통스러운 나날을 보내고 있을 수 있다. 그러나 채널을 바꾸라. 요한복음 5장에 보면 베데스다라는 연못에서 치유받기 위해 38년 동안 앉아 있던 병자의 이야기가 나온다.

예수님이 그에게 병이 낫고 싶은지 물어보셨을 때 그의 연약함이 바로 드러났다. 그는 "예, 주님! 저는 걷기 원합니다"라고 똑바로 말하지 못했다. 그는 징징거리기 시작했다. 그리고 핑계를 늘어놓았다. "나는 혼자입니다. 나를 도와줄 사람이 없습니다. 남들이 나보다 먼저 들어갑니다. 나는 기회가 없습니다."

만약 당신도 다른 사람들을 원망하며 핑계대고 있다면 이 사람과 다를 바가 없다. 성령 하나님이 우리 각 개인과 공동체에게 이렇게 말씀하실 것이다. "극복하라. 일어나라. 너의 자리를 들고 걸어가라. 더 이상 누워 있지 말라. 더 이상 자기 연민의 감정에 빠져 있지 말라."

사무엘상 30장 1-6절에 보면 다윗과 부하들이 시글락으로 돌아왔을 때 성읍이 불타고 아내와 자녀들이 모두 잡혀간 이야기가 나온다. 다윗의 아내들도 모두 잡혀갔다. 이 일로 인해 다윗 자신도 크게 실망했는데, 그 부하들까지 다윗을 돌로 쳐야 한다고 말했다. 그를 격려하는 사람이 아무도 없었다. 도리어 모두가 "이것은 다윗 때문이다. 그를 돌로 쳐야 한다"라고 주장했다.

다윗 왕은 포기할 만한 충분한 이유가 있었다. 그러나 그는 이스라엘의 다음 왕으로 기름 부음을 받지 않았던가. 그래서 그는 여호와를 힘입어 용기를 냈다. 부하들을 단결시켜서 사랑하는 사람들과 소유물들을 되찾게 하였고, 그로부터 72시간 안에 그는 이스라엘의 왕이 되었다. 그는 가장 암담했던 때에 주님 안에서 힘을 냈다. 그는 그만둘 수 있었지만 포기하지 않았다. 얼마 뒤에 그는 자신의 운명을 섭리대로 이루었던 것이다.

몇 년 뒤에 다윗 왕은 또 다른 끔찍한 시련을 받게 된다. 그와 밧세 바 사이에서 난 아이가 죽게 되었다. 그는 금식하고 기도하면서 하나님께 매달렸다. 자신의 무죄한 아이를 위해 하나님의 은혜를 구했다. 그러나 하나님은 그 아이를 고치지 않기로 하셨다. 아이는 회복되지 못하고 결국 죽었다.

그러나 다윗이 슬픔에 빠지지 않았다는 사실을 주목해야 한다. '왜 하나님이 나의 부르짖음을 들어주지 않으셨는가? 왜 내 아이가 죽어야만 했는가? 하나님의 영광을 이스라엘 가운데 회복시킨 사람이 내가 아니던가? 영광의 언약궤가 여기 있다. 우리는 24시간 내내 하나님을 예배한다. 왜 하나님이 영광 가운데 내 아이를 고쳐 주시지 않았던가?' "하나님, 저는 당신이 저를 사랑하시는 줄 알았습니다. 왜 내 기도에 응답하지 않으셨습니까?" 그는 이렇게 부르짖으며 자기 연민에 빠져 허우적거리지 않았다.

다윗은 결코 자기 연민에 빠지지 않았다. 다윗은 절망의 늪에서도 하나님을 신뢰했다. 그는 얼굴을 씻고 일상생활로 복귀했다. 우리도 이러한 태도를 배워야 한다. 어린 시절에 당신은 학대를 받았을 수도 있다. 그러나 얼굴을 씻고, 당당하게 당신의 삶을 살아가라. 어쩌면 어떤 사람이 당신이 유산으로 받은 돈을 훔쳤을 수도 있다. 그렇다 할지라도 얼굴을 씻고, 당신의 삶을 담대하게 살아가라. 어렸을 때 성적 학대를 받아서 말할 수 없는 상처를 갖고 있을 수도 있다. 그러나 당신이 자신의 삶을 계속 가꾸어 가기 힘들 때 하나님 앞에 나아갈 줄 알아야 한다. 그 자리에서 일어나 얼굴을 씻고, 생명의 주인 되신 하나님의 얼굴을 구해야 한다.

예수님은 다음과 같이 말씀하신다.

> 그는 멸시를 받아 사람들에게 버림받았으며 간고를 많이 겪었으며 질고를 아는 자라 마치 사람들이 그에게서 얼굴을 가리는 것 같이 멸시를 당하였고 우리도 그를 귀히 여기지 아니하였도다 그는 실로 우리의 질고를 지고 우리의 슬픔을 당하였거늘 우리는 생각하기를 그는 징벌을 받아 하나님께 맞으며 고난을 당한다 하였노라 그가 찔림은 우리의 허물 때문이요 그가 상함은 우리의 죄악 때문이라 그가 징계를 받으므로 우리는 평화를 누리고 그가 채찍에 맞으므로 우리는 나음을 받았도다(사 53:3-5).

예수님은 당신의 아픔과 실패, 그리고 상처를 모두 이해하시는가? 분명히 그렇다. 그분은 이 모든 것을 당신을 위해 겪으셨고, 지금 이 시간에도 당신을 위해 기도하고 계신다. 그분은 당신이 일어나 얼굴을 씻고, 자신의 아픔을 헤쳐 나갈 것이라 믿고 계신다. 그리고 당신이 그분을 뵐 때 당신이 고통으로 황폐케 되었었다는 사실을 잊게 해 주신다.

이날은 구원의 날이요 치유의 날이다. 하나님이 당신을 품에 안으시고 고치실 수 있도록 당신의 아픔과 절망, 그리고 상처를 가지고 하나님 앞에 나아가라. 비록 시간이 많이 걸릴지라도 반드시 그분 앞에 나아가야 한다.

바른 관점

우리가 성경공부를 할 때, 한 학생이 자신의 삶에서 깨달은 바를 멋지게 간증한 적이 있다. 우리는 하나님의 깊은 것은 어린 아이들도 충분히 이해할 만큼 단순하다는 것을 강의나 설교를 통해 날마다 강조했는데, 그 학생은 이 사실을 어떻게 이해했는지를 설명해 주었다.

그는 복잡하고 어려운 문제를 놓고, 애쓰며 씨름하고 있었다. 어느 날 그는 기도 굴에서 "하나님, 왜 저를 도와주시지 않으십니까? 왜 저 혼자 이 고통을 감당하라고 하십니까?"라고 기도했다. 그 마음의 고통으로 인해 그는 예수님의 가상칠언 중 하나인 "나의 하나님, 나의 하나님, 왜 나를 버리시나이까?"라는 말을 묵상하게 되었다.

그러다 갑자기 예수님이 우리를 위해 고통을 당하시고 십자가에 돌아가셨을 때, 예수님도 완전한 인간이셨다는 사실을 전에는 생각해 보지 못한 방식으로 깨닫게 되었다. 약한 인간으로서 그 힘이 다했을 때 예수님도 "왜?"라고 절규하셨던 것이다. 그리고 그때 예수님은 우리 모두가 인생의 어려움 가운데 직면했을 때 부르짖는 말일 수 있는 "하나님, 왜입니까?"라는 그 많은 질문을 그 한 번으로 끝내신 것이다.

그 학생은 그날 우리에게 너무나도 귀한 교훈을 주었다. 우리는 '누가, 언제, 무엇을, 어디서, 어떻게, 왜' 했는지에 대해 하나님께 여쭤볼 수 있다. 그러나 예수님은 우리가 질문할 때 궁금해하는 "왜"라는 질문에 대한 답을 미리 주셨다.

고통에 처할 때 "왜입니까?"라고 물어보는 것은 당연하다. 그러나 그런 생각은 당신이 들어갈 수 없어서, 멀리 떨어져 있어야 하는 나라나 땅이라고 생각하라. 당신은 " '왜?' 라는 나라"에 들어갈 수 있는 여권이 없다. 만약 여권 없이 그 나라에 들어가면 당신은 체포되어 언제 구출될지 모른 채 감옥에 갇히게 될 것이다. 멀리 떨어져 있어라. 당신의 문제에 마음을 뺏기지 말고, 하나님의 은혜에 마음을 두라. 문제에 대해서는 신경을 적게 쓰고, 더욱 하나님의 영광에 사로잡히겠다고 결심하라.

우리는 잘못된 결정을 내리거나 우유부단하여 아무것도 결정되지 않은 상태로 인생을 살아서는 안 된다. 아무것도 결정하지 않은 채로 인생을 살아간다는 것은 당신이 내릴 수 있는 가장 최악의 결정이다. 하나님의 부르심에 대한 믿음의 결단은 하늘과 땅을 움직여 축복의 자리로 이끈다.

허드슨 테일러는 "문제가 얼마나 큰 가가 중요한 것이 아니라, 그 문제가 어디에 있는가가 중요하다"라고 말했다. "그 문제가 하나님과 우리 사이를 멀어지게 하는 것인가?" 아니면 "그 문제 때문에 하나님께 더 가까이 나아가게 되는가?" 하는 문제를 분별하며 하나님이 우리 안에서 이루시기 원하는 성품을 만들어 나가는 것이 중요하다.

그러나 이러한 과정은 올바른 결정으로 시작된다. 우리가 올바른 관점과 태도를 선택할 때만 인내와 성품, 그리고 희망이 우리 안에서 열매 맺게 된다.

용서는 선택이다. 회개도 선택이다. 지혜도 선택이다. 순종도 선택이다. 행복도 선택이다. 용기도 선택이다. 화평도 선택이다. 빛도 선택이다. 사랑도 선택이다. 축복도 선택이다. 공급도 선택이다. 인생은 그 자체로 선택인 것이다. 성경은 다음과 같이 촉구하고 있다. "오늘 생명과 사망, 복과 저주 중 선택하라"(신 30:19 참고).

빠져나오기

꿈이 꺾이고 사라지는 이유가 무엇인가? 우리가 잘못한 것이 있기 때문인가? 그렇지 않다. 성령님이 우리의 육신에 속한 것들로부터 구원하시고 우리 삶의 우선순위를 바로 세우기 위해서 우리를 광야라는 연단의 장으로 이끄시기 때문이다. 따라서 이것은 오히려 우리에게 기회가 된다. 성령 하나님의 능력을 체험하고 광야로부터 나올 수 있는 기회로 연결된다. 광야가 오히려 영광의 장소로 변화되는 것이다.

그렇기 때문에 "너는 실패했어. 너는 놓쳤어. 아직 잘 모르겠니? 너는 매우 어리석구나. 네가 망친 거야"라는 내면의 음성에서 해방되어야 한다. 이런 생각들로부터 자유롭게 되어, 오히려 하나님의 임재를 구하라. 그분을 위한 자리를 내어 드려라. 그분을 위해 당신이 준비한 방을 내어 드리면, 그분은 당신의 방을 가득 채워 주실 것이다. 그분이 요한복음에서 "너희는 마음에 근심하지 말라 하나님을 믿으니 또 나를 믿으라"(요 14:1)고 말씀하시지 않았는가? 당신이 진정 하나님을 믿는다면 그 어떤 것으로도 당신의 마음을 괴롭히지 말라고 하신 말씀을 기억하라. 아무것도 염려할 필요가 없다.

시험과 연단으로 낮아진 겸손한 마음 속에 하나님이 거하신다. 이

사야 40장 3절을 보면, 한 소리가 광야에서 여호와의 길을 예비하라고 외친다. 광야 생활이야말로 하나님의 처소를 마련할 만한 장소이다. 만약 당신이 광야에서 메마른 삶을 경험하고 있다면 우리 하나님을 향한 믿음의 대로를 만드는 데 힘쓰라. "골짜기마다 돋우어지며 산마다, 언덕마다 낮아지며 고르지 아니한 곳이 평탄하게 되며 험한 곳이 평지가 될 것이요"(사 40:4).

거만하고 교만한 자는 결코 하나님을 뵐 수 없다. 그러나 깨지고 다 늙어진 겸손한 심령은 하늘을 다스리시는 높은 분을 위한 처소가 된다. 하나님은 그분을 경외함으로 자신을 낮추는 겸손한 사람에게 찾아오신다. 하나님이 임재하시는 높은 자리로 올라가는 지름길은 곧 낮은 마음, 겸손한 마음으로 내려가는 것이다.

모세가 쓴물에 나뭇가지를 던졌을 때 그는 하나님의 영광 안에서 믿음대로 행한 것이다. 이것이 갈라디아 3장에 잘 나타나 있다.

> 그리스도께서 우리를 위하여 저주를 받은 바 되사 율법의 저주에서 우리를 속량하셨으니 기록된 바 나무에 달린 자마다 저주 아래에 있는 자라 하였음이라 이는 그리스도 예수 안에서 아브라함의 복이 이방인에게 미치게 하고 또 우리로 하여금 믿음으로 말미암아 성령의 약속을 받게 하려 함이라(갈 3:13-14).

모세가 그 나뭇가지를 취했을 때 그는 영광의 주님, 곧 이 땅에 오셔서 십자가에 달리실 그분의 영광 안에서 믿음으로 실천한 것이다.

그리고 오실 메시아이신 예수 그리스도에 대한 믿음으로 그 쓴물은 단물이 되었다. 때때로 우리는 하나님 아버지께서 우리를 얼마나 사랑하시는지를 잊어버린다. 하나님은 우리를 사랑하신다. 계시로 받으라. 그분은 우리를 너무 사랑하셔서 우리를 위해 그분의 아들로 하여금 십자가에서 모든 피를 쏟게 하셨다.

당신의 쓴물은 무엇인가? 당신은 거기서 나오게 될 것이다. 그리고 그 연단이 끝날 때 당신은 자신이 체험한 그 위로와 평화로 고통을 겪고 있는 사람들을 도와줄 수 있을 것이다.

제3장

저녁 만찬에
초대된 손님

그가 나라들을 놀라게 할 것이며 왕들은 그로 말미암아 그들의 입을 봉하리니 이는 그들이 아직 그들에게 전파되지 아니한 것을 볼 것이요 아직 듣지 못한 것을 깨달을 것임이라(사 52:15).

Make Room For Your Miracle

수넴 여인이 말하길…

결혼하고 20년이 지났습니다. 그런데 아들은 고사하고 딸도 없었습니다. 수치스러움이 몰려올 때도, 마음을 다스리며 평안한 마음을 되찾고자 노력했습니다. 저는 최선을 다해 아내의 역할을 감당하였습니다. 저는 아이들을 아무런 문제없이 잘 낳은 사람들이 저를 쳐다볼 때마다 느끼는 수치스러운 마음을 이겨내야 했습니다. 저의 죄책감 때문에 정작 남편이 더 힘들어했습니다. 그래서 저는 더 이상 죄책감을 갖지 않기로 결심했습니다.

만약 아버지가 살아 계셔서 제가 시댁의 유산을 물려줄 후손을 낳지 못했다는 사실을 아셨다면, 사돈 식구들을 대하시는 것이 얼마나 불편하고 위축되셨을까요? 그러나 저는 그런 위축된 마음도 떨쳐 버렸습니다. 저는 심지어 욕단의 자녀를 잉태할 것에 대한 희망조차 버렸습니다. 저와 이혼할 수 있는 법적인 근거가 있었음에도 저에게 언제나 친절한 남편, 욕단이 점점 늙어 가고 있었기 때문입니다.

저는 지혜가 저를 찾아왔을 때 그 지혜를 떠나지 못하게 붙들었습니다. 저는 의지가 강한 편이어서 드디어 샬롬(Shalom), 곧 평안을 찾았습니다. 저의 어머니가 늘 말씀하셨습니다. "아무런 문제없다. 모든 것이 다 괜찮아. 모든 것이 다 잘될 거야."

그런데 어느 날 엘리사가 우리가 살고 있는 수넴에 왔습니다.

우리 문화에서는 이방인에게 친절과 호의를 베푸는 것이 당연한 일이었습니다. 여관이 없기 때문에 여행객들은 도시의 공공 우물이나 성문, 혹은 광장에 앉아 누군가 자신을 초대해 주기를 기다립니다. 그러다가 여행객이 어쩔 수 없이 길가에서 자게 되면 그 도시는 신망을 잃어버리게 됩니다. 그 도시는 저주를 받게 될 수도 있습니다.

우리의 환대는 대부분 우리의 인간적인 친절한 행동에서 기인하지요. 한 상(床)에서 먹고 마실 때 사람들과 식구들, 심지어 나라가 하나 될 수 있습니다. 식탁에서 계약이 깨지기도 하고, 원수가 화해를 합니다. 이스라엘 사이에서는 주님의 천사가 이방인으로 변장하여 찾아왔다는 이야기들이 전해지고 있습니다. 아브라함과 기드온, 그리고 라합 등이 모두 이방인들을 후대하여 하나님의 축복을 받았지요.

그날 저는 기분이 썩 좋지는 않았습니다. 그렇지만 마음을 다스리며 매주 정기적으로 방문하는 몇몇 가난한 과부들을 만나고 막 돌아오는 길이었습니다. 그들은 올리브와 무화과로 채운 피토리(pithori)라는 샌드위치와 우리 집에서 나온 양모로 짠 숄 등을 떨리는 손으로 받곤 했습니다. 저는 저의 어머니에게도 드렸고, 저의 할머니도 드시게 하며, 옷을 입혀 드렸습니다. 그들이 늘 따뜻하게 지내도록 해 드렸습니다. 저는 우리 문화의 전통대로 노력했고, 이런 선행을 통해 하나님을 향한 갈망을 채웠습니다.

정오 때가 되었습니다. 이때쯤이면 욕단과 일꾼들이 밭으로부터 돌아왔을 것이고, 하녀들은 밥을 준비하고 있겠지요. 저는 집으로 가던

중 성문을 지날 때 그 곁에 있던 문중 어른들에게 인사를 했습니다. 모든 중요한 일은 이 성문 근처에서 다 이루어집니다. 사람들은 억울한 일이 있으면 바로 그곳에서 공정한 판단을 요구하곤 합니다. 이곳에 있는 분들은 제가 거의 다 알고 있고 이런저런 혈연관계를 맺고 있는 분들인데, 문을 막 지나자 이분들이 부산하게 움직이는 모습이 눈에 포착되었습니다. 그들은 매우 바쁘게 움직이고 있었는데, 그날 저녁부터 안식일이 시작되기 때문에 더욱 그러했습니다.

저는 하녀 라헬(Rachel)을 데리고 중앙광장을 지나다 그분을 보게 되었습니다. 그분은 공공 우물로부터 이어진 길을 따라 하인과 함께 걸어가고 있었습니다. 그의 모습 때문에 저는 그를 주목하게 되었는데, 마치 한 사람이 어떤 사람에게 속삭여 말하면 무슨 말을 했는지 잘 알아듣기 위해 그 화자(話者)에게 몸을 돌이키는 것과 같았습니다. 그는 점잖게 걷고 있었는데, 사람들이 움직이는 반대 방향으로 길을 가고 있었습니다.

저는 무엇인지 확실하게 알 수 없었지만 제 마음 가운데 어떤 부담이 생겼습니다. 어쩌면 당신도 아실 겁니다. 저에게 그것은 마치 벌꿀을 잡고서 바쁘게 움직이는 작은 날개를 제 피부에 갖다 대보는 느낌이었습니다. 처음에 이성과 논리로 이해되지 않는 영역에선 깊음이 깊음을 부릅니다. 그것을 여성의 직관력, 곧 육감이라고도 말할 수 있겠지요. 그러나 제 생각에는 그것을 넘어선 무엇, 곧 하나님의 손이 한 영혼을 만지신 것이라고 생각합니다. 그런 영적인 감응 때문에 그날의 일로 인해 기분이 가라앉아 있던 제가 수넴의 신작로를 따라 걷는 여행객들에게 관심을 갖게 되었습니다. 그래서 자연스럽게 그들을 따라가게 되었습니다.

저는 그분이 군중 가운데 있었으면 눈에 띄지 않았겠다고 생각했습니다. 그분은 보통의 이스라엘 사람들이 입는 평범한 옷을 입었고, 턱수염은 말끔하게 정리했지만 약간 회색빛을 띠었습니다. 이마는 거의 벗겨졌지만, 머리 둘레는 매우 단정했습니다. 그분의 외모 가운데 특이한 것은 한쪽 팔에 걸친 염소 털로 짠 겉옷이었습니다. 그 옷은 사막에 거하는 사람들의 텐트 천처럼 거칠게 만들어진 것이었습니다. 그분은 저와 비슷한 나이인 것 같았습니다.

제 마음으로부터 그분들을 초대해야겠다고 생각했습니다. 더 이상 생각하지 않고 그들에게 다가가 "선생님, 혹시 가실 곳이 있으신지요?"라고 물었습니다.

아마도 혼자 걸어가고 있던 여인이 너무 직접적으로 초대해 놀랐는지 키 큰 분이 저를 잠깐 쳐다보았지만, 두 번째 사람의 얼굴은 밝아졌습니다.

저는 다시 물었습니다. "주무실 장소가 있으신지요?"

"신경 써 주셔서 고맙습니다. 그러나 우리는 남쪽에 있는 우리 집으로 내려가고 있는 중입니다"라고 그 주인이 말했습니다. "저희는 그곳에 가서 저녁을 먹고 안식일을 보낼 것입니다." 그분은 물을 막 길어와서 젖어 있는 물 부대를 가리키며 "우리는 단지 부대에 물을 채우려고 잠시 멈췄던 것입니다. 여기서 볼일을 다 보았답니다. 어쨌든 호의에 감사드립니다"라고 말했습니다.

"수넴에서 손님을 박대했다는 말을 들어서는 안 되죠. 우리 집에서 안식일 전 식사를 같이하세요. 우리 집에 오시면 자리가 더욱 빛날 것이고, 우리가 축복을 받게 될 겁니다"라고 제가 말했습니다.

하인은 저의 끈질긴 부탁에 흡족해 보였습니다만, 주인은 그분의 검은 털 코트를 고쳐 잡고 있었습니다. 어쨌든 곧 제 부탁에 응할 것처럼 보였습니다.

왜 그분이 주저하는지를 알 수 없었습니다. 아마도 제가 귀족의 아내로서 값비싼 옷을 입고 있었기 때문이었을까요? 귀족들은 왕에게 협조하는 경우가 많았고 왕의 녹봉을 받기도 했습니다. 욕단은 저에게 너무 잘해 주었습니다. 저는 결혼한 여자들의 관습을 따라 남편이 사 준 보석들을 자랑스럽게 차고 있었습니다. 제 코걸이는 금 반 세겔짜리였고, 제 허리에 찬 요대는 금 열 세겔짜리였습니다.

저는 그분을 재촉했습니다. 그러면서 "두 분 다 환영합니다. 이 낮의 열기가 식을 때까지 우리 집에서 쉬세요. 안식을 알리는 나팔(shofar)이 불기 전에 집에 도착하실 수 있을 겁니다"라고 말했습니다.

그분은 성문 너머의 먼 곳을 바라보며 시간을 계산하고 있는 것 같았습니다. "어떻게 생각하느냐, 게하시?" 그분이 자기 하인에게 물었습니다. "우리가 이 귀부인의 초대를 받아 이 도시에 머물러도 되겠느냐?"

게하시라는 종복은 자신의 훌쭉 들어간 배를 쓰다듬더군요. "주인님, 이 귀부인이 강청하고 있지 않습니까?" 그가 말했습니다. "음식도 분명히 좋을 것이고요." 아주 반기는 웃음이 그의 얼굴에 퍼졌습니다. "이렇게 관대한 분의 마음을 실망시키면 안 될 것 같습니다."

"어서 가세요." 제가 계속 강권하셨습니다. "여기서 아주 가깝고요, 이미 상다리가 부러질 정도로 준비되어 있습니다. 몸을 좀 추스르시고 가세요."

그 주인은 상의의 끝을 가죽 벨트 안으로 집어넣어 단정케 하더니 결국 초대에 응하기로 했습니다. "당신이 하도 강청하기에 당신 집에 가기로 했습니다. 감사드립니다. 제 종과 저는 당신을 따라가겠습니다. 앞서 가시지요"라고 그분이 말했습니다.

"선생님, 환영합니다. 수넴에 오신 것을 환영하고 욕단과 그 집안에 오신 것을 환영합니다"라고 제가 말했습니다.

우리가 이런 말을 주고받을 때도 다른 사람들이 그분들을 초대하려고 했습니다. 저는 미소를 머금고 그들은 욕단의 집으로 가기로 했다고 짧고 간단하게 양해를 구했습니다. 그들의 실망하는 표정 때문에, 오히려 저는 마치 큰 상을 받은 것처럼 느껴졌습니다.

이 손님은 우리가 지금까지 모셨던 분들과는 좀 달랐습니다. 그분은 많은 것을 알고 있으면서도 그런 체 하지 않는 모습이 저에게는 무척 인상적이었습니다. 그분의 이름은 엘리사였고, 아벨호마에서 오셨다고 했습니다. 그분은 자신의 청년 시절에 대해 이야기해 주셨고 우리와 별로 다르지 않은 땅과 집 출신이었습니다. 그분의 집안은 조상 대대로 요단강 남서쪽을 따라 땅을 소유하고 있었습니다. 욕단은 그 집안을 알고 있었습니다.

그 손님은 자신의 아내나 자녀들에 대해서는 별다른 언급이 없었지만, 농사짓는 법과 어떻게 하면 쟁기로 밭을 잘 갈아 지력(地力)을 높여 많은 소출을 얻을 수 있는지에 대해서는 잘 알고 있었습니다. 남자들끼리는 서로 이야기에 몰두하여 씨를 심는 법에 대한 이야기를 나누었습니다. 또한 평지와 달리 산지에 있는 계단식 논밭 등을 쟁기로 갈려면 어떻게 해야 되는지 등에 대해 그림을 그려가며 서로의 경험과 지식을 상세하게 나누었습니다. 그 대화의 주제가 전쟁으로 바뀌기까지 그들은 서로 즐겁게 웃으며 대화를 나누었습니다.

모압은 아합 왕 때 이스라엘에 바쳤던 조공을 아합 왕의 아들인 요람 왕이 즉위한 후 끊었습니다. 이에 요람 왕은 그 조공을 다시 받고자 모압을 치려고 부족들의 도움을 구하였고, 잇사갈 부족은 일찍부터 병사들을 보내었었지요. 모압 왕 메사는 전쟁이 불리해지자 자신의 아들을 성벽 위에서 번제로 드렸고, 이 장면을 본 이스라엘 사람들은 기가 질리고 당황하여 돌아왔습니다. 이 전쟁에 참여해서 이 장면을 직접 본 수넴의 아이들에게서 이 끔찍한 이야기를 직접 듣기도 했답니다. 우리 집 손님은 하나님이 사막 밑에 우물을 터뜨리셔서 사람들과 가축들로 물을 마시게 한 일을 직접 보았다고 하셨습니다.

저는 그 손님과 종이 가려고 일어설 때까지 숨죽이고 몰입해서 이야기를 들었습니다. 게하시가 옷을 주섬주섬 모으고 그의 발 곁에 있던 물 담은 가죽 부대를 챙겼습니다. 그분은 마지막으로 올리브 두세 개를 더 먹었습니다. 저는 여행 중에 먹거나 집까지 가지고 가라고 미리 준비해 두었던 음식을 게하시에게 건넸습니다. 그들이 우리 집에 들어올 때 오후의 밝은 빛이 비쳤었는데, 떠나는 날에는 그보다 더 밝은 빛이 우리 집에 가득 차서 흘러넘치는 것 같았습니다. 그것은 주님의 임재요, 현존을 나타냈습니다. 보이지 않지만 소망이 충만하고 성취감이 넘쳤습니다. 그 손님들이 떠나고 난 뒤 저는 다른 손님, 곧 하나님이 계속 남아 계신 것 같았습니다. 그렇게 그날은 다른 날처럼 평범하게 시작했지만, 제 인생에 있어 가장 중요한 날이 되었습니다. 그것은 바로 모에드(moed)였습니다. 바로 소망과 인내와 순종 가운데 기도하던 심령과 하나님의 때가 어떤 한 사건으로 인해 운명처럼 만난 그 특별한 순간 말입니다. 저는 모든 성도들의 기도와 나귀들의 순종으로 기적을 살 수 있다고 믿지 않습니다만, 기도와 신실한 믿음은 우리가 인내하는 동안 우리를 지탱시켜 줄 것을 확신합니다.

이제 우리는 들으며…

영어 성경 번역 중 킹 제임스 버전(흠정역)을 보면 수넴 여인은 위대한 선지자에게 '강요하여'(constrained) 밥, 곧 저녁 만찬을 들게 했다고 한다. 말 그대로 그를 잡은 것이다. 그 여인은 손을 뻗어 팔짱을 끼고 "저랑 같이 가시죠. 설마 아니라고 말씀하시지는 않겠죠"라고 말한 셈이다. 무엇인가가 그녀로 하여금 선지자를 초대하도록 강요하게 만든 것이다. 기본적으로 호의가 밑바탕이 되어 엘리사가 그녀의 집에 오게 되었지만 그 호의를 넘어선 무엇인가가 있다. 그녀는 이 선지자가 갖고 있는 무엇인가를 분별할 수 있었고, 그것에 대한 갈망이 있던 것이다.

성경을 보면 이 수넴 여인은 처음에 엘리사가 이스라엘의 뛰어난 선지자 가운데 한 분이라는 사실을 몰랐었다. 어쩌면 그녀는 공공 우물가에서, 혹은 장이 서는 거리에서 그를 만났을 수도 있다. 그녀는 그가 누구인지 알기 전에 엘리사를 집으로 초대하도록 그녀를 강요하는 영광스러운 무엇인가를 감지했다. 자세히 살펴보라. 그녀는 소위 유명하고 능력 있다는 어떤 사람을 찾아다닌 것이 아니었다. 그녀는 "위대한 선지자가 네가 사는 도시로 살 것이니, 어떤 시간에 어디로 가면 너는 하나님도 만날 것이다"라는 식의 음성을 미리 들은 것도 아니었다. 결코 그런 일은 없었다.

그녀는 그저 보통 이스라엘 여인이라면 자신이 사는 마을의 관용을 보여 주기 위해 할 수 있는 평범한 일을 한 것이다. 그녀가 하나님을 경외하고 두려워했다는 것은 분명하다. 그녀는 매일의 일상의 삶을 성실하게 산 것이다. 그녀가 신실하고 의롭게 하나님을 믿으며, 충성되게 섬겼기 때문에 그저 스치는 인연 가운데서도 거룩한 분의 임재를 느낄 수 있었다. 그녀가 그 임재를 분별하자, 그녀는 바로 행동으로 실천한 것이다.

수넴 여인을 통해 우리는 카이로스, 곧 우리를 향한 운명적인 하나님의 시간표는 해야만 하는 일이나 습관적으로 하는 일을 충성스럽게 감당할 때 온다는 사실을 알 수 있다. 당신이 일을 진행해 나갈 때, 그 가운데서 하나님이 만나 주신다. 그 순간을 당신은 감지할 수 있어야 그때 무엇을 해야 하는지 알게 될 것이다. 바로 그 순간이 예언적 순간이다. 그때를 분별할 수 있어야 당신이 정확히 무엇을 해야 하는지 알게 되는 것이다.

엘리사와 수넴 여인 모두 잇사갈 지파 사람들이다. 역대상 12장 32절에 보면 "잇사갈 자손 중에서 시세를 알고 이스라엘이 마땅히 행할 것을 아는" 사람들이라고 했다. 그들은 예언적인 사람들이었다. 그들은 앞으로 생길 일들에 무관심하거나 부주의하여 준비하지 않는 그런 사람들이 아니었다. 이런 은사 때문에 그녀는 장이 서는 거리에서 엘리사를 만났을 때 무엇인가를 감지해 낼 수 있었던 것이다. 그때 그녀는 그가 누구인지 몰랐지만 그 안에 계셨던 영광을 알아보았다. 그리고 그 분별력으로 인해 무엇을 해야 할지 알았던 것이다.

분별력이란 무엇인가

어느 날, 어떻게 그런 생각을 하게 되었는지 모르겠지만, 나(마헤쉬, Mahesh)는 집에서 공부하고 있던 딸 안나(Anna)에게 가서 어떤 말을 해야겠다는 생각이 강하게 들었다. 허리케인과 같은 강도는 아니었다. 성령 하나님이 그렇게 하라고 쿡 찌르시는 정도였다. 안나에게 나는 평이한 어조로 말했다. "안나야, 내일 학교 갈 때 아빠 차를 쓰지 말고 엄마 차를 쓰렴!"

안나는 알겠다고 대답했다. 그리고 안나가 그 다음 날 차를 모는데, 길 위에 기름이 흘려져 있었고, 거기서 미끄러져 충돌 사고를 냈다. 꽤 큰 사고였다. 차가 완전히 망가져서 폐차해야 했다. 안나는 에어백이 장착된 차를 탔던 것이다. 사실 안나가 몰고 다니던 내 차에는 에어백이 없었다. 엄마의 차가 안나의 생명을 구했던 것이다. 성령님은 그저 나에게 작은 부담을 주셨다. 그리고 나는 그 부담감을 따라 실천했다. 그리고 나는 내 딸도 그 뜻을 따라 준 것에 대해 하나님께 감사드렸다.

분별이란 '어떤 것들을 인지하고 구별하는 것' 이다. 영을 분별하는 것은 영들을 구별할 줄 아는 것이다. 그러나 그 다음에 명철이 있어야 한다. 히브리어의 어근은 '심다, 혹은 구성(플롯)을 짜다' 라는 뜻이다. 하나님이 이를 적극적으로 사용하신다. 하나님이 분별력을 주실 때

명철이란 그 분별한 것으로 무엇을 해야 하는지를 아는 것이다. 잠언 2장 11절은 "근신이 너를 지키며 명철이 너를 보호하여"라고 했다. 마치 개인 정보를 보호하듯이 분별력과 명철은 어떤 것도 당신을 상하지 않도록 당신을 보호해 준다. 그럴 때 당신은 예수님의 말씀처럼 "비둘기같이 순결하고 뱀처럼 지혜롭게" 되는 것이다.

옛날 제사장들은 우림과 둠밈을 심장 근처에 매달고 다녔다. 그 두 돌은 믿는 자의 마음에 거하시는 하나님의 음성을 상징하는 것이었기 때문이다.

우리가 신체적으로 시각과 후각과 미각, 그리고 촉각과 청각을 가지고 있는 것처럼 영적으로도 마찬가지이다. "너희는 여호와의 선하심을 맛보아 알지어다"(시 34:8)라고 했다. 그리고 요한계시록 2장 7절을 보면 "귀 있는 자는 성령이 교회들에게 하시는 말씀을 들을지어다"라고 했다. 당신은 마귀의 '냄새를 맡을' 수도 있을 것이다. 우리가 이런 영적인 감각들을 무시하는 것을 하나님은 원치 않으신다.

다음과 같이 생각해 보자. 육체의 영역에서 어머니가 가족들을 위해 저녁식사 메뉴로 스테이크를 고른다면 색깔과 냄새가 좋은 것을 고를 것이다. 만약 고기가 상했다면 어머니는 곧바로 안다. 영적인 감각도 이와 똑같은 방식으로 작동된다. 무엇인가가 하나님 자신과 그분의 성품, 그리고 그분의 임재와 어긋나 있다면 당신이 바로 상한 고기 상태라는 것을 알 수 있다.

히브리서 5장 14절 말씀은 영적인 감각들을 사용함으로 발전시키라고 한다. 당신의 분별력이 성숙해지면 당신이 감지하는 어떤 것들은 무시하려고 노력해야만 한다. 이런 훈련을 통해 당신은 선하고 좋은 것을 선택하고, 왜곡되거나 어둠의 영으로부터 온 일에 참여하지 않게 된다.

어떤 사람들은 영적인 것이라면 모든 것에 완전히 마음 문을 닫고 있어서, 오히려 속기 쉬울 뿐만 아니라 하나님이 행하시는 좋은 것들을 놓치게 된다. 우리는 분별력 있는 사람이 되어야 한다. 재판장이 되어 정죄하고 심판하려는 목적이나 미래를 예언하려는 목적이 아니라 성숙한 신자로 부름 받은 그 부르심을 온전히 이루기 위해서 말이다.

하나님의 음성을 분별하기

분별력은 자연적으로 생기는 능력이나 기술이 아니다. 많은 사람들이 거듭나면 자동적으로 하나님의 음성을 듣게 될 것이라고 생각하는 경향이 있다. 그러나 그렇게 쉽지는 않다. 우리는 하나님이 우리에게 말씀하시는 방법을 정확하게 분별하는 법을 배워야 한다.

성령님은 일반적으로 세 가지 특별한 방법을 통해 우리를 훈련시키신다. 첫 번째 방법은 성경 말씀이다. 어떤 분별력들은 우리가 말씀에 대한 지식이 깊어질수록 같이 성장한다. 예를 들어 어떤 사람이 마녀 복장을 하고 마녀 지팡이를 타고 당신 집에 들어온다면 하나님으로부터 온 것이 아니라는 것은 쉽게 분별할 수 있다. 만약 그 사람이 당신을 향한 예언의 말씀이 있다며 타로 카드를 탁자 위에 늘어놓는다면 그것이 하나님 보시기에 악한 것이라는 것을 아는 데 특별한 분별력을 필요로 하지 않는다. 성경은 이런 것들을 피하라고 분명히 경계하고 있다.

그 다음으로 성령님은 그분의 임재를 인지할 수 있는 능력을 개발시키신다. 이것은 단순히 듣는 것으로 시작된다. 이사야 30장 21절을 보면 "너희가 오른쪽으로 치우치든지 왼쪽으로 치우치든지 네 뒤에서 말소리가 네 귀에 들려 이르기를 이것이 바른 길이니 너희는 이리로 가라 할 것이며"라고 했다. 만약 당신이 들으려 하지 않는다면 당신은 그 바른 길을 알 수 없다. 하나님은 잠잠하고 조용한 목소리로 말씀하실 수도 있고, 꿈이나 환상, 혹은 다른 사람을 통해서 말씀하실 수도 있다.

만약 당신이 주님으로부터 음성을 들었다면 시험해 보라. 하나님의 말씀은 기록된 말씀과 다르지 않다. 만약 말씀과 반대되는 음성을 들었다면, 그 음성은 하나님의 음성이 아니다. 하나님은 말씀으로 우리를 교화하시며 하나님의 왕국을 세우시고 영혼들을 구하시며 가족들을 위로하신다.

또한 예언은 종종 공동체적인 체험일 때가 있다. 이 말은 각 개인이 보고 들은 예언은 종종 한 공동체의 부분을 이룰 때가 있다는 뜻이다. 우리가 함께 모여 하나님께 들은 것을 나눌 때 온전한 그림을 그릴 수 있다.

그 다음으로 성령님은 개발된 거룩한 성품으로 우리를 가르치신다. 하나님의 음성을 들으면 당신은 순종을 배우게 된다. 하나님이 말씀하신 것을 순종할 때마다 다음 명령을 수행할 수 있는 자신감을 갖게 된다. 당신이 성숙해질수록 더 많은 열매들을 거두게 될 것이다. 그러면 당신이 더 깊어지길 원할 것이다.

이것은 복잡하거나 신비로운 것이 아니다. 사실 복잡한 것 때문에 진정한 깊이를 이루지 못하는 경우가 있다. 시편 42편 7절에 보면 "깊은 바다가 서로 부르며"라고 했다. 당신이 1인치 깊이로 나아간다면 더 깊이 나오라는 부름이 있을 것이다. 표면은 표면으로 움직인다. 당신이 표면에만 거한다면 하나님의 선하심과 위대하심, 그리고 경이로움의 깊이를 맛보지 못할 것이다. 게다가 표면에는 온갖 폭풍이 있게 마련이다. 하나님 안에 더 깊이 거할수록 당신은 저 바깥의 폭풍에 덜 휘둘리게 된다.

당신의 분별력 위에 감정을 앞서게 해서는 안 된다. 사르밧 과부의 이야기가 그 좋은 예이다. 하나님은 자신이 사르밧 과부에게 엘리야에게 먹을 것을 주라고 하셨다는 사실을 엘리야에게 알려 주셨다. 그래서 엘리야는 그녀에게 가서 먼저 물을 달라고 한 다음에 "먹을 것도 조금 가져다주시면 좋겠습니다"라고 말했다.

그런데 그녀는 "당신은 누구십니까? 저는 아무것도 없습니다"라고 대답했다. 하나님이 그녀에게 말씀하셨을까? 분명히 그렇게 하셨다. 하나님이 직접 "내가 그곳에 있는 한 과부에게 명하여서, 네게 먹을 것을 주도록 일러두었다"라고 말씀하셨다. 그러나 그녀가 하나님의 음성을 듣지 못했다. 그녀가 자신의 고통스러운 현실에만 너무 집중했기 때문이었다. 결국 선지자가 뜻을 굽히지 않자 그녀는 마지못해 순종을 하였고, 문제를 해결할 수 있었다.

부정적인 감정 때문에 하나님의 음성을 듣지 못할 수 있다. 당신이 뒤로 물러날수록 더 고립된다. 심지어 하나님으로부터 말이다. 그렇기 때문에 찬양과 예배를 통해 하나님께 주의를 돌리는 것이 중요한 것이다. 하나님께 집중하고자 할 때 영광의 하늘 문이 열리고 당신과 당신 가족에게 축복이 임하게 되는 기적의 말씀을 들을 수 있다. 하나님은 당신을 혼자 내버려 두시지 않는다. 하나님은 당신을 축복하기 원하시고 어려운 상황에서 건지시기 원하신다.

임재를 인식하기 시작하라

수넴 여인은 이분이 하나님의 거룩한 분이라는 것을 알았다. 거룩하다는 뜻은 무엇을 의미하는가? 거룩함은 하나님의 중요한 특성이다. 하나님께는 혼합물이 없고, 부패된 것이 없다. 그 생명수는 순수하게 흐르며, 그 생명수를 받아 마실 때 모든 것이 살게 된다.

하나님은 거룩하시다. 빛과 어두움이 같이 있을 수 없다. 왕국들이 충돌할 때 주님의 영과 주님의 영이 아닌 다른 영들이 부딪친다. 성경은 후자를 바로 적그리스도의 영이라고 표현한다. 그 말의 뜻은 '…에 반대하거나 혹은 …의 자리 대신에'라는 뜻이다. 적그리스도의 영이 있는 곳에는 혼합과 변질이 있다. 반면에 예수님이 계신 곳에는 거룩함이 있다.

우리의 목적은 하나님의 영광 가운데 거하는 것이다. 왜냐하면 거기에서는 불가능한 것이 없기 때문이다. 우리는 콩고에서 여섯 살짜리 아이가 부활하는 것을 보았다. 하나님의 영광의 임재 가운데 나(마헤쉬, Mahesh)는 구체적인 지식의 말씀을 받았다. 나는 다음과 같은 말씀을 선포했다. "여기에 참석한 사람 중, 오늘 아침 자기 아들이 죽은 사람이 있습니다. 올라오십시오. 오늘 하나님이 당신 아들을 다시 살리실 것입니다." 4만여 명의 사람들 앞에서 이런 예언적인 말씀을 선포할 때 더 좋은 일이 일어난다! 그때도 그랬다. 영광이 임하면 불가능한 것이 없다.

축복이 임하는 데는 이유가 있다. 당신이 하나님의 임재를 환영하고 하나님이 임재하실 수 있도록 마음의 방을 내어 드릴 때 축복이 임한다. 그러므로 하나님이 일을 시작하실 때, 하나님을 더욱 신뢰하며 당신이 그것을 '만지기' 시작하는 것이 중요하다. 당신이 만질 때, 그것은 당신이 아니라는 것을 알아야 한다. 하나님이 임하셔서 일하시는 것이다. 다시 말해 그 장엄함 때문에 착각하면 안 된다. 그것은 마치 〈스타워즈〉(Star Wars)에서 루크 스카이워커(Luke Skywalker)가 적군의 우주 비행선을 격침하고 환성을 지르자 한 솔로(Han Solo)가 "대단한 걸"이라고 말한 것과 같다. 그러나 기억해야 할 중요한 사실이 있다. 여기서 한 솔로가 "자만하지 마!"라고 덧붙였던 말을 기억해야 한다.

우리가 중요한 일을 하는 것은 아주 좋은 일이다. 그러나 그 일로 인해 거만해져서는 안 된다는 교훈 또한 중요하다. 왜냐하면 우리에게 승리를 주시는 분은 바로 하나님이시며, 그분의 임재가 있었기에 가능한 일이기 때문이다. 그분은 하나님의 임재가 아니고서는 설명할 수 없는 구원을 우리에게 주신다.

또 다른 면으로는 거지 근성을 가져서는 안 된다는 것이다. 이 또한 자연적으로 오는 것이 아니다. 우리는 믿어야만 한다. 우리의 노예의 결박이 풀렸음에도 불구하고 여전히 노예처럼 생각하며 사는 사람들이 있다. 하나님이 이스라엘 백성들을 구원하셨듯이, 하나님은 우리에게 있는 그 노예 근성을 뿌리째 뽑기를 원하신다. 우리는 왕 같은 제사장이요, 거룩한 나라처럼 생각해야 한다. 킹메이커(king maker)가 우리를 그 왕족 혈통으로 입양한 것이다.

방문으로 시작된다

방문이 먼저이다. 하나님이 당신을 방문하시면 그분은 축복을 주신다. 그분은 새롭게 하신다. 그분이 방문하신 후에 당신은 그 전보다 더 좋아질 것이다. 당신이 하나님의 영광, 곧 하나님의 임재 가운데 거하면 당신과 당신 가족은 계속해서 더 많은 축복을 받게 될 것이다. 하나님의 방문은 멋진 일이지만, 하나님이 우리 안에 계속해서 거하시는 것이 우리의 목표이다. 주님의 임재를 환영하고 잘 지키고 가꾸면 하나님이 거주하실 분위기를 만들 수 있다. 그것은 마치 "하나님, 거하실 곳이 필요하다면, 우리 집으로 오세요!"라고 말하는 것과 같다.

수넴 여인을 생각해 보라. 그녀는 "하나님의 사람이여, 묵을 곳을 찾는다면 우리 집으로 오세요. 만약 이 근방 800kg 반경에서 식사할 곳을 찾는다면 우리 집에서 드십시오. 스테이크를 좋아하세요? 스트로가노프(stroganoff, 19세기의 러시아 외교관 Paul Stroganov의 이름을 따서 만든 요리로 저민 등심과 양파, 버섯 등을 넣고 버터에 재빨리 볶아 Sour Cream을 섞어 만든 요리)는 어떠세요? 닭 엔칠라다(enchiladas)는요?"

내(마헤쉬, Mahesh)가 프랑스에서 사역을 할 때, 나를 접대해 주시던 분이 "뭘 드시고 싶으세요?"라고 묻기에 나는 "달팽이를 좋아합니다"라고 말했다. 어떤 사람은 달팽이가 역겨울지도 모르겠다. 그러나 나는 식용 달팽이를 좋아한다. 그래서 그들은 매일 저녁 나에게 달팽이 요리를 대접해 주었다. 달팽이는 기어 다니며 흔적을 남긴다. 그러나 마늘과 파슬리를 넣고 요리하게 되면 얼마나 맛있는지 모른다!

이런 것과 다르지 않다. 정말로 하나님이 우리 안에 내주하시기를 원한다면 우리는 다음과 같이 고백할 수 있다. "하나님, 저는 정말 원해요. 정말입니다. 저는 당신의 임재를 정말 간절히 원합니다!"

우리는 이런 갈급함 때문에 교회에 새로운 계절이 열리고 있다고 믿는다. 교회는 치유 사역으로 부흥을 맛보고 있다. 카리스마 부흥이 있었다. 예언 운동이 있었다. 교사들이 많이 나왔던 시절도 있었다. 교회 성장 운동이 있었고, 토론토와 펜사콜라에서 일어난 부흥도 있었다. 그러나 이 모든 것들은 하나님이 보여 주시고자 하시는 현현의 전조들이었다. 지금은 하나님이 방문하시는 계절이다. 그분의 영광을 간절히 바라는 자들은 우리가 지금까지 보지 못했던 기적들을 보게 될 것이다. 우리는 이런 것들을 감지하고 있다. 하나님의 은혜의 비가 풍성하게 내릴 것이다. 우리는 그 비가 내리는 소리와 냄새를 맡고 있다. 이 비는 우리 모두를 위한 것이다. 몇몇의 슈퍼스타와 같은 사람들을 위한 것이 아니다. 이것은 모든 사람을 위한 것이다. 그때가 왔다.

하나님이 임재하시면, 우리 집이 곧 이 땅에 있는 하늘의 정착지가 된다. 그리고 우리 집을 방문하는 모든 사람들이 복을 받게 된다. 당신이 만지고 손을 얹는 모든 것이 복을 받게 될 것이다.

내(마헤쉬, Mahesh)가 오하이오 주의 신시내티에서 치유 집회를 인도할 때 한 여인이 올라와서 다음과 같이 요청한 적이 있었다. "제 가장 친한 친구가 암에 걸렸습니다. 그녀는 지금 죽어 가고 있어요. 그녀를 위해 기도해 주실 수 있나요?"

"물론이지요. 그런데 그 친구는 어디 있나요?"라고 되물었다.

그녀는 "제가 데리고 왔어요"라고 말했다.

"그러면 어디 있습니까?"

"바깥에 있어요."

"왜 데리고 들어오지 않았죠?"

그녀는 "제 가장 친한 친구는 강아지예요"라고 말했다.

그녀 뒤로 500여 명의 사람들이 기다리고 있었는데, 나는 "그 친구를 데리고 오세요"라고 말했다.

몇 분 뒤에 그녀가 암컷 독일산 셰퍼드를 데리고 왔는데, 나는 마치 하나님이 "그 강아지를 환대하라. 그 강아지는 내 왕국의 숙녀다"라고 말씀하시는 것처럼 느껴졌다. 그래서 나는 "안녕? 이리 오렴" 하고 다정하게 말하며 그 강아지를 환영했다.

주인이 강아지를 데리고 오자 나는 그 강아지 위에 안수했다. 내가 강아지에게 안수하는 순간 강아지가 쓰러졌다. 진짜 있었던 일이다.

그 자리에 있던 모든 목회자들이 "강아지가 성령 안에서 쓰러진 것을 본 적이 없어"라고 말했다. 그때 그녀와 그녀의 강아지에게 하나님의 영광이 임했던 것이다. 하나님이 그녀의 친구를 고쳐 주셨다.

하나님의 임재의 기운이 있으면 모든 것이 복을 받는다. 그것이 무엇이든지 간에 말이다. 당신의 자녀들이 복을 받고 당신의 사업이 복을 받으며, 심지어 당신의 강아지와 고양이까지 복을 받는다. 당신이 하나님의 임재가 느껴지는 분위기를 만든다면 무언가 복된 일이 일어난다. 하나님의 권위 아래 온전하게 들어갈 때 하나님의 영광에 따라 모든 삶이 정돈된다. 당신의 생활과 당신의 집, 당신의 결혼, 그리고 당신의 사역이 변화된다. 모든 것이 예수 그리스도의 이름 앞에 무릎을 꿇게 된다. 그러면 당신이 40년 동안 기다려 왔던 것이 하룻밤 만에 성취된다. 그 일은 당신의 힘이나 능력으로 되는 것이 아니다. 죽은 자를 일으키시며 맹인을 보게 하고 가정을 회복시키시는 하나님의 임재로 가능한 것이다.

이것은 당신만을 위한 것이 아니다. 당신 주변에 있는 많은 가정들을 위한 것이다. 앞으로 언젠가 사람들이 당신의 집에 와서 "제가 여기서 하나님의 영광을 볼 수 있을까요? 하나님이 저를 만져 주셨으면 해요. 제 아들은 감옥에 있고, 제 딸은 마약을 해요. 하나님이 지를 만져 주실까요?"라고 말할 것이다. 이 모든 것은 당신이 하나님의 현존을 분별했고, 그 영광을 받아들였기 때문에 가능한 일이다. 이것이 하나님의 방문(visitation)의 역사이다.

내(마헤쉬, Mahesh)가 젊고 가난한 학생으로 텍사스 공과대학에 다니던 시절, 빌 고다드(Bill Gothard) 세미나에 참석하기 위해 달라스(Dallas)로 갔던 적이 있었다. 나는 정말 땡전 한 푼 없었기에 그 많은 사람들 가운데 루벅(Lubbock)에서 온 아는 가정을 만나게 되어 반갑고 또 기대가 되었다. 그들은 친구 집에 머물고 있었는데, 친절하게도 나도 같이 지낼 수 있을 것이라고 말해 주었다. 나는 아무 데서나 잘 수 있기 때문에 마루도 괜찮았다. 머물 곳이 생겼다는 것에 감사했고, 일주일 동안 마루에서 자게 될 것이라고 생각했다.

그날 밤 나는 그들과 함께 갔는데, 집이 매우 멋있었다. 아름다운 안주인이 나와 우리를 맞아 주었다. 내 친구들은 "이 친구는 인도에서 왔는데 지금 미국에서 공부 중이에요. 이 세미나 기간 동안 묵을 숙소가 필요한데, 혹시 마루나 소파에서 잘 수 있을까요?"라고 나를 소개했다.

그 집의 여주인은 나를 똑바로 쳐다보더니 "아니요"라고 했다. 나는 '오, 하나님! 거절하다니요!'라고 생각했다. 그러나 그녀는 "안 됩니다. 마루나 소파에서 잘 수 없습니다. 저희 안방에서 주무세요. 제 남편과 제가 소파에서 잘 겁니다"라고 말했다.

나는 그 제의를 받아들일 수 없어 사양했지만 헛수고였다. 그녀는 내가 안방을 사용하지 않으면 자기네 집에 머물 수 없다고 했다. 어쩔 수 없이 나는 매우 감사한 마음으로 안방을 쓰게 되었다.

곧 나는 킹사이즈 침대가 놓인 큰방으로 가게 되었다. 그런 방은 처음 보았다. 나는 나를 향하신 하나님의 예비하심에 감격한 채 잠자리에 들었다.

그런데 새벽 세 시쯤 갑자기 아주 큰 소리 때문에 나는 잠에서 깼다. 그때는 베트남 전쟁 중이었기 때문에, 근처 포트워스(Fort Worth)에 있는 카스웰(Carswell) 공군 비행장에서 B-52 폭격기가 이륙하는 소리라는 것을 알게 되었다. 그 후로 한 시간 반 동안 계속해서 한 대씩 한 대씩 차례대로 이륙했다. 그 소리에 모든 것이 울렸고, 집도 흔들렸다. 벽도 흔들리고 내가 자던 침대도 마찬가지였다. 그 후로도 계속 시끄러워서, 시간이 좀 지나서야 겨우 다시 잠들 수 있었다.

이침에 나는 일어나 세미나에 가기 전에 커피나 한 잔 마실 수 있었으면 좋겠다는 생각으로 부엌에 갔다. 거기서 여주인을 만났는데, "당신을 위해 아침을 차려 놓았습니다"라고 하는 것이 아닌가!

몸을 돌이켜 보니 식탁 전체에 풍성한 음식이 가득 차려져 있었다. 닭튀김, 오믈렛, 튀긴 계란, 베이컨, 그레이비 소스, 햄, 소시지 등에 온갖 종류의 빵, 잼, 젤리, 그리고 과일까지, 내가 전에 한 번도 보지 못했던 근사한 아침식사가 차려져 있었다. 여주인은 "우리는 이미 다 먹었습니다. 이건 당신을 위한 거예요"라고 말했다. 그 상황이 어리둥절하긴 했지만 감사한 마음으로 앉아서 세미나에 가기 전까지 내가 먹을 수 있는 만큼 먹었다.

그날 밤, 아침식사 때와 같은 일이 일어났다. 새벽 세 시에 나는 이륙하는 비행기의 제트 엔진 소리에 또 깼고, 크게 웡웡대는 소리에 잠을 이루지 못하다가 모든 게 끝나서야 겨우 잠들 수 있었다. 아침이 되니 여주인이 또 어마어마한 식사를 준비해 놓고 있었다. 그녀는 "어제 키위가 떨어졌었는데, 장을 봐 왔답니다"라고 했다. 나는 전혀 짐

작도 하지 못했었다. 감사한 마음으로 그녀가 준비해 놓은 아침을 다 먹었다. 그 다음 날도, 그 다음 날도 5일간 그녀는 나를 위해 성대한 아침식사를 마련해 주었다.

마지막 날 밤, 나는 똑같이 잠이 들었다가 한밤중에 또 깼는데, 이번에는 그 방 안에 누군가 나와 함께 있다는 것을 알게 되었다. 금빛 광채가 나를 둘렀다. 나는 그렇게 신비한 빛을 본 적이 없었다. 그것은 너무 생생해서 마치 무지개가 살아 있는 것 같았다. 그리고 우주의 모든 별들이 그 방에 나와 함께 있는 것 같았다.

그런데 그 중심에 바로 예수님이 서 계셨다. 예수님이 내 방으로 들어오셨다. 나는 그의 빛과 임재 가운데 완전히 둘러싸였다. 나는 숨을 쉴 수가 없었다. 나는 내가 죽은 것인지, 살아 있는 것인지 알 수 없었다. 내가 살아 있는 상태라면, 나는 죽고 싶었다. 왜냐하면 나는 내가 느끼고 있던 완전한 기쁨과 그 황홀경을 떠나고 싶지 않았기 때문이다. 그분이 임재하실 때 느낄 수 있는 그 완벽한 기쁨과 즐거움을 인간의 말로 어떻게 묘사할 수 있겠는가! 나는 그날 빛과 사랑과 진리는 바로 한 분이라는 사실을 깨달았다. 그분의 이름은 바로 예수 그리스도시다.

그때 멀리서 내가 전에는 한 번도 들어보지 못했던 악기들로 연주하는 심포니 소리가 들렸다. 그 음악이 내 주변의 모든 것들을 진동시키기 시작했다. 순간적으로 나는 그 소리는 바로 폭격기들이 이륙하는 소리라는 것을 알았다. 그러나 그 엔진의 으르렁대는 소리가 영광의 임재 가운데서는 다 예수님의 이름 앞에 무릎을 꿇어야 했고, 하나님의 어린양을 찬양하는 노래요, 영광스러운 심포니 소리로 변했다. 그날 밤 나의 많은 개념들이 바뀌었다. 왜냐하면 예수님이 온 세상의 전부가 되시는 분이라는 사실을 깨달았기 때문이다.

5시 30분쯤 동이 트자 그 영광의 빛이 모여들고, 예수님이 방을 나가려고 하셨다. 나는 주님이 나를 함께 데려가 주시기를 원했다. 나는 그분의 임재를 떠나서는 아무 데도 가고 싶지 않았기 때문이다. 우리가 영광의 계시를 경험하게 되면, 우리 육신이 죽는다는 것을 다르게 받아들이게 될 것이나. 몸에서는 떠나시만 수님과 함께 있다! 수님의 그 놀라운 영광과 같은 것은 이 세상에 없다.

하나님의 영광이 잦아들면서 주님이 막 나가려고 하시다가, 뒤를 돌아보고 웃으시면서 이렇게 말씀하셨다. "내가 너를 이 집에 데리고 왔다." 그분의 눈은 부드럽고, 사랑과 긍휼로 가득 차 있었으며, 완전한 승리가 깃들어 있었다. 그분은 계속해서 이렇게 말씀하셨다. "이 여인의 남편은 이혼을 요구하고 있다. 그녀는 나에게 부르짖었다. 나는 이 가정을 위해 네 입에 치유를 두었다. 네가 말할 때 그 말이 그들을 고치고 그들의 결혼이 회복될 것이다. 내가 네 위에 기름을 부어 주겠다." 그러고 나서 그분은 떠나셨다.

나는 준비를 마치고 부엌으로 갔다. 아침식사는 전처럼 왕의 정찬 같이 준비되어 있었다. 나는 그 여주인에게 말했다. "어젯밤에 주님이 저를 찾아오셨습니다."

그녀는 "알고 있습니다"라고 대답한 후, 다음과 같이 말했다. "우리는 결혼한 지 14년이 되었는데, 얼마 전에 남편이 와서 다른 여자를 만났다고 하면서 떠나겠다고 했습니다. 제 마음은 산산이 부서졌습니다. 저는 골방에 들어가 하나님께 부르짖었습니다. 저는 그렇게 울어 본 적이 없었어요. 저는 울면서 평생 처음 하나님께 도와달라고 외쳤지요. 저는 그때 처음으로 하나님의 음성을 제 귀로 직접 들었습니다. 그분은 '내가 내 선지자를 너희 집에 보낼 것이다. 그가 오면 나를 대접하는 것처럼 맞이하라. 그리고 그가 너의 가정을 치유할 것이다' 라고 말씀하셨습니다."

그래서 그녀는 나를 기다렸던 것이고, 나에게 안방을 내어 준 후, 아침마다 근사한 식사를 대접했던 것이다. 그녀는 주님이 오셔서 자신과 그 집안을 만져 주실 수 있도록 방을 내어 드리고 극진한 환대를 했던 것이다. 그녀는 자신의 친구이신 예수님을 위한 방을 만든 것이다.

그 이후로 그 지역을 방문할 기회가 없다가 15년 만에 가 보았는데, 하나님이 그 가정과 결혼 생활을 완벽하게 치유하신 모습을 확인할 수 있었다.

그녀는 절망의 시간에 간절히 기도하면서 자신에게 절실히 필요한 기적을 맛보기 위해 방을 준비해야 했다. 그날 밤 그 방을 가득 채웠던 영광의 현현은 그녀의 울음에 대한 구체적인 응답이었다. 또한 나에게는 그 이후로 내가 전 세계를 다니며 수천 명을 치유할 수 있었던 영광의 원천이 되었다.

수넴 여인은 엘리사에게서 무엇인가 하나님의 임재를 느꼈기에 그를 강권하여 집에 모셨다. 엘리사가 그녀의 집에 왔다는 것만 보아도 그녀는 분별력이 있었다는 것을 알 수 있다. 우리가 곧 다음에 살펴보겠지만 그녀는 엘리사가 그 집에 계속 거하길 원했다. 그래서 그를 위해 방을 만들었다.

오늘날, 우리 삶에서 기적의 방을 만들고자 하는 우리에게 얼마나 귀감이 되는가! 우리는 구원받으리라는 희망 안에서 확신을 얻어야 한다. 그분의 임재는 그분의 약속을 기다리는 그 방에 가득 찰 것이다. 우리가 순종과 예배와 섬김으로 충만하여서 우리를 방문하는 귀한 손님을 맞이하기 위한 방을 마련하고자 한다면, 그 자체가 곧 그분께 우리 집에 오시도록 강권하는 행위가 된다.

제4장

하나님의 거처를
만들라

❦ ❦ ❦

너희는 가만히 있어 내가 하나님 됨을 알지어다(시 46:10).

Make Room For Your Miracle

수넴 여인이 말하길…

　첫 방문 이후로 엘리사는 수넴에 올 때마다 우리 집에 머물렀습니다. 저는 왜 그런지 알 수 없었지만, 그분은 하나님의 거룩한 사람이었기에 그분을 제대로 모시려고 최선을 다했습니다. 우리 지역의 관습대로 그분과 게하시는 날씨만 좋으면 지붕에서 잤습니다. 날씨가 춥거나 비가 오면 하인들의 방을 손님에게 내어 드렸습니다. 우리는 그분이 부족한 것이 없도록 최선을 다해 기쁨으로 섬겼습니다.
　우리는 아직도 그분이 무슨 일을 하는지 잘 몰랐습니다. 그분은 때로는 말을 많이 할 때도 있었고, 그렇지 않을 때도 있었습니다. 이스라엘과 유다의 자연 환경이나 기후 등에 대해서는 말을 많이 했습니다. 어떤 때는 잠언이나 모세오경의 구절들을 암송하기도 했습니다. 늘 짐은 별로 없었지만 열 단어로 된 책이나 다윗 왕의 시편을 꼭 가지고 다니며 시간 날 때마다 꺼내 읽었습니다.
　그분은 가끔 언짢은 얼굴을 하곤 했는데, 저는 사마리아 궁전 때문에 그러지 않을까 추측하곤 했습니다. 그런 부담에도 불구하고 우리의 섬김과 대접에 언제나 고마워했으며 친절하게 행동했습니다. 그렇지만 우리가 그렇게 친해졌다고는 생각하지 마십시오. 그분은 얼마 안 가 우리 가족의 한 사람처럼 보였지만 우리 문화에는 규범이 있었고, 저는 그 규범을 넘지 않으려고 신중하게 행동했답니다.

욕단은 엘리사가 우리와 함께 식사를 할 때 가끔 관심을 보이고 집중했지만, 일에 지쳐 졸기도 했습니다. 그러나 저는 언제나 엘리사의 다리 밑에 앉아 마치 금을 캐는 것처럼 그분의 말을 한마디도 놓치지 않고 들었습니다. 엘리사가 올 때마다 제가 변화된다는 것을 알았지요. 시집오기 전 아버지와 함께했던 이후 실로 오래간만에 저는 여호와의 은혜를 맛보았습니다.

저는 엘리사와 게하시를 위해 방을 만들어야겠다고 생각했습니다. 그렇게 특별한 일은 아니었죠. 사사들이 다스렸을 때는 가정에서 레위인들을 섬겼으니까요. 레위인들은 경작할 땅을 기업으로 받지 않았기 때문에 다른 부족 사람들이 숙소와 먹을 것을 챙겨 주었습니다.

어느 날 저녁 저는 욕단과 방을 만드는 일에 대한 이야기를 나누었고, 욕단도 그 일에 기꺼이 찬성했습니다. 결국 일사천리로 일이 진행되었습니다. 우리는 바로 그 다음 날부터 인부들에게 일을 시켰습니다. 공사가 진행되는 동안 저는 목수를 찾아가 침대와 의자가 딸린 책상을 잘 만들어 줄 것을 부탁했습니다. 공사가 끝나고 가구들도 다 정리되자 저는 결혼 선물로 받아 그 후로 계속 우리 안방에 걸어 두었던 주홍빛 카펫을 가져오게 하여 바닥에 깔았습니다. 그것이 주님의 종을 위한 준비의 대미(大尾)를 장식했지요.

하나님의 사람을 옥상에 두는 것은 예의가 아니라고 생각할지도 모르겠습니다. 그러나 옥상이야말로 그들의 위치에 딱 맞는 곳이죠. 높은 곳이니까요. 이스라엘에서 옥상은 날씨만 좋으면 늘 가족들이 모이는 곳이랍니다. 그곳은 우리네 삶의 중심지입니다. 엘리사를 위한 방을 옥상에 만든 것은 우리 집 전체를 그의 것으로 만든 것과 같습니다. 우리는 그와 그가 원하는 것, 그리고 그의 필요를 우리 가정의 중심에 둔 것입니다.

우리가 그 방을 만든 다음에 그분이 처음으로 오셨을 때, 얼굴 표정이 매우 지쳐 보였습니다. 며칠 동안 잠도 주무시지 못한 것 같았습니다. 몸이 야위었고, 마치 무거운 망토를 입은 사람처럼 걷는 것도 힘들어 보였습니다. 당시 이스라엘의 정황이 좋지 못했습니다. 요람 왕의 통치는 악했습니다. 전쟁 후에 남과 북 사이의 긴장 관계가 심해졌습니다. 아마 그래서 엘리사가 더 자주 사마리아에 오는 것이라는 생각이 들었습니다.

하인이 그분을 방으로 모셨을 때 그분의 태도를 보고, 우리가 준비한 방 때문에 그분이 감동되어 눈물을 흘릴 것 같다는 생각을 잠시 했었습니다. 엘리사는 우리 아버지가 저에게 보여 주셨던 그런 은혜로운 표정을 가득 머금고 저를 쳐다보았습니다. 제가 한 행동이 잘한 것이라는 확신이 들었습니다.

"카펫까지 준비하다니, 감사합니다!"

저는 마음에 기쁨을 묻어 두고 말했습니다. "물과 준비한 식사를 올리겠습니다." 그리고 저는 하나님의 사람과 그 종이 따뜻하고 고요한 오후에 평안히 쉴 수 있도록 그 방을 나왔습니다.

이제 우리는 들으며…

왜 엘리사는 계속 돌아왔을까? 그곳에서 쉴 수 있었기 때문이다. 사역을 하러 온 것이 아니었다. 그곳은 정말 쉴 수 있는 피난처였다. 그는 그녀에게 설교를 하거나 기도를 해 주거나 그녀의 친구들과 대화를 나누거나 그 동네 사람들에게 그녀가 얼마나 훌륭한 사람인지를 알려 주기 위해 온 것이 아니었다.

'쉼' 혹은 '휴식'라는 뜻의 단어, 'resting'은(rest라는 단어에는 '오래 머무르다' 혹은 '감돌다'라는 뜻이 있음-역자 주) 요한복음에서 예수님이 세례를 받으시고 물에서 올라오실 때 성령님이 예수님 위에 내려와서 머무셨다는 표현에 쓰인 바로 그 단어이다. 그렇다면 이런 질문을 하게 된다. 우리는 거룩한 성령님이 오셔서 휴식을 취하며 머무실 수 있는 그런 마음을 갖고 있으며, 그런 삶을 살고 있는가? 하나님의 영이 오셔서 머무실 만한 장소가 있는가?

이것이 정작 우리 삶의 목표이지만 우리는 이 일에 집중하거나 또 다른 여러 가지 문제로 씨름하면서 이 목표로부터 멀어지게 된다. 우리는 이 목표를 간과할 만큼 너무 영적일 때가 있다. 자신이 생각하는 영적인 일에만 매달릴 때가 있는 것이다. 때로는 마치 마르다처럼 그렇게 그냥 놓쳐 버린다. 그러나 주님이 머무시는 곳에 커다란 은혜가 있다. 그리고 엘리사와 이 수넴 여인의 관계가 발전하는 배경이 바로 이것이다. 엘리사는 영구히 머물며 쉴 수 있는 처소가 생겼다.

수넴 여인과 길에서 만나 그녀의 강권에 이끌려 그 집에 오기 전에 엘리사가 수넴을 정기적으로 방문했었는지에 대한 내용은 정확하게 알 수 없다. 그러나 분명한 것은 엘리사가 그 이후로 수넴 여인의 집으로만 갔다는 사실이다. 마치 예수님이 베다니로 가셔서 나사로와 그의 자매들의 집에 머무셨던 것처럼 말이다.

그러나 동시에 수넴 여인과 그의 남편은 손님의 시간과 재능, 그리고 일 등에 대해 주제넘게 행동하지 않았다. 우리가 이것을 알 수 있는 근거는, 나중에 더 자세히 살펴보겠지만, 엘리사는 그렇게 자주 왔었음에도 불구하고 그녀를 위해 무엇인가 해 주어야겠다고 결심하기 전까지는 그녀에게 자녀가 없다는 사실조차 알지 못했다. 그는 정말 쉬기만 했었다.

기적을 위한 자리를 만들라는 뜻은 하나님이 머무실 처소를 만들라는 뜻이고, 영광을 위한 저장소(reservoir)가 되라는 것이다. 사람들은 보통 성령 하나님과 관계를 맺지 못한다. 왜냐하면 그분이 오셔서 머물 수 있도록 해 드리지 못하기 때문이다. 사람들은 언제나 달라고 요구하기만 한다. "이것 주세요." "저것 주세요." "저에게 주세요." 그러나 이러한 태도는 어린 아이와 같은 행동이며, 하나님이 기대하시는 것과는 정반대의 태도이다. 그분은 머물러 쉴 수 있는 곳을 원하신다.

어떻게 해야 하나님이 가끔 방문하시는 상태로부터 아예 거주하시는 단계로 나아갈 수 있을까? 어떻게 해야 기적이 일어날 수 있는 환경을 만들 수 있는가? 어떻게 해야 그런 환경을 우리 주변에 늘 만들어 둘 수 있을까? 그런 환경, 그런 분위기로 하나님의 임재와 한계 돌파, 그리고 기적이 일어나는 것이다. 이제부터 네 가지 단계에 대해 살펴보도록 하겠다.

첫째, 섬김의 삶을 살라

수넴 여인이야말로 섬길 줄 아는 사람이었다. 그녀에게는 다른 목적이 없었다. 이는 엘리사 본인이 배웠던 덕목이기에 누구보다도 더 잘 알 수 있었다. 엘리사도 그 덕분에 자신의 멘토였던 엘리야보다 갑절의 능력을 받을 수 있었다.

엘리사의 갑절의 능력을 이해하기 위해서는 그가 처음 부름 받았을 때를 살펴봐야 한다. 열왕기상 19장 19절을 보면 위대한 선지자였던 엘리야가 엘리사를 어떻게 불렀는지 알 수 있다. 사실 엘리야는 엘리사에게 사역에 헌신하라고 결코 말하지 않았다. 엘리사는 아버지의 일을 돕고 있었다. 그는 착한 아들로 아버지의 밭을 갈고 있었다. 이는 자기가 물려받을 유산을 잘 관리하고 있는 것이기도 했다. 아마도 엘리사가 그 부름에 응답하지 않았다면 자신이 태어난 고향에서 아버지의 땅을 물려받았을 것이다. 그날은 특별히 소 열두 겨리로 밭을 갈고 있었다.

엘리야를 알고 있는 모든 사람들은 엘리야를 "이스라엘에 문제를 일으키는 자"라고 불렀다. 그렇기 때문에 엘리야가 와서 엘리사 앞에 자신의 외투를 던졌을 때 엘리사가 그를 따르면, 인정받는 유명한 자가 될 것이라는 뜻은 결코 아니었다. 그런데 엘리야가 한 것이 바로 이것이었다. 그는 거칠고 투박한 외투를 엘리사 앞에 던졌다. 이 일이 일어난 순간 엘리사는 흥분했다. 그는 아마도 이렇게 이야기했을 것이다. "오! 내가 선택되었어! 감사합니다. 선생님! 당신이 사역할 때 돕는 자가 필요할 것이라 생각했었습니다. 저는 당신을 따를 준비가 되었습니다. 그렇지만, 잠깐만요. 집에 잠깐 볼일이 있습니다. 어머니와 아버지에게 말씀드리고 또 몇 가지…."

엘리야는 걸음을 멈추지 않았다. 그는 그의 외투를 주우러 돌아가지도 않았다. 그는 하나님으로부터 받은 사명이 있었다. 그의 답변은 단순했다. "돌아가라 내가 네게 어떻게 행하였느냐"(왕상 19:20).

그때가 엘리사에게는 그의 인생과 미래 사역에서 가장 중요한 교훈 중 하나가 계시되는 예언적 순간이었다. 그는 자신이 중요하지 않다는 것을 배웠다. 그의 우선순위가 중요한 것이 아니다. 그의 필요에 대한 것이 아니었다. 그는 기름 부음 받기 위해서는 치러야 할 대가가 있다는 것을 알았다.

엘리사는 그가 부름을 받은 그날 죽었다. 그랬기 때문에 그는 매일 아침 일어나 성미가 까다로운 늙은 선지자를 섬길 수 있었다. 장담하건대, 엘리야는 "애야, 그만 앉아 아침을 먹자꾸나. 어젯밤 꾼 꿈 이야기나 해 보거라"라는 식으로 말하지 않았을 것이다. 엘리야는 어떤 것에도 엘리사의 의견을 물어보지 않았을 것이다. 또한 "내 노트를 보여 주마"라는 식으로 이야기하지 않았을 것이다. 그저 "이것 하고, 저것

해라"라는 식이었을 것이다.

엘리야가 하늘로 올리어질 준비를 하면서, 그와 엘리사는 소위 말하는 마지막 순회 설교 사역을 했던 것 같다(왕하 2:1-7). 엘리야는 지역마다 주변 사람들이 모일 수 있는 높은 지대에 있는 도시들을 순회했다. 가는 곳마다 예언자 수련생들은 엘리사에게 달려가 "선생님의 스승을 주님이 오늘 하늘로 데려가려고 하시는데, 선생님은 알고 계십니까?"라고 물었다.

그리고 매번 엘리사는 짐을 풀면서 생도들을 향해 이렇게 말했다. "예, 나도 알고 있습니다. 그리고 내가 무엇을 해야 하는지도 말입니다. 계속 이 짐을 지고 가야지요."

엘리야는 엘리사에게 그 생도들에게 합류하라고 했다. "너는 여기에 남아 있어라." 그 말은 이런 뜻이었을 것이다. "여기에서 저들과 함께 지내며 너의 사역 센터를 세워라. '엘리사와 예언자 수련생들' 모임을 만들거라. 모두가 너를 찾아올 것이다."

이에 대해 엘리사는 이렇게 대답했을 것이다. "감사합니다만 아닙니다. 선생님! 짐을 싸겠습니다. 선생님도 준비하시죠." 그러고 나서 엘리사를 모시고 여행을 계속했다.

이 이야기는 기름 부음 가운데 움직이며 발전해 가는 것이 무엇을 의미하는지를 잘 보여 주고 있다. 단도직입적으로 말하면 첫 번째 상태에 머물 때 당신은 목적지에 다다르지 못한다. 다른 말로 하면, 하나님의 음성을 듣는 자들에게 사역 기관, 혹은 센터를 만드는 것이 목표가 되어서는 안 된다는 것이다. 그것이 우리의 목표가 될 수 없다.

우리의 목표는 오늘 이 자리에 있는 것이 되어야 한다. 우리는 주님의 종이다. 그렇다면 주님이 지금 우리에게 원하시는 것은 무엇인가? 이웃을 전도하는 것인가? 교회의 아이들을 섬기는 것인가? 아니면 과부들을 돌아보는 것인가? 내 집에 페인트를 칠하는 것인가? 가끔은 세속적인 평범한 일에 순종하는 것이 좋은 접촉점이 되기도 한다. 드디어 엘리야는 엘리사에게 말했다. "좋다. 네가 원하는 것이 무엇이냐?"

엘리사가 대답했다. "스승님이 가지고 계신 능력을 제가 갑절로 받기를 원합니다."

"주님이 나를 너에게서 데려가시는 것을 네가 보면, 네 소원이 이루어질 것이다"라고 엘리야가 말했다.

엘리사는 말 그대로 엘리야가 사라질 때까지 엘리야와 함께 있으며 섬겨야만 했다. 엘리야의 능력을 갑절로 받으려면 말이다.

그렇기 때문에 기름 부음을 받기 위한 방을 마련하기 원한다면 우리는 그저 주님의 종이 되어야 한다. 무엇인가 기념비적인 특별한 하나님의 음성을 들어야 한다는 강박 관념을 가져서는 안 되며, 그런 음성을 듣지 못한다고 해서 분노할 필요도 없다. 그저 아침에 일어나 우리 골목에 있는 과부를 생각하고 그녀의 모기장 덧문을 어떻게 고쳐 줄 수 있을까를 염두에 두며 그녀의 손에 있는 관절염이 치유되도록 누군가 치유의 은사를 가진 사람이 기도를 해 줄 수 있도록 기도하는 것이다. 이것이야말로 하나님의 임재를 도모하는 섬김의 도인 것이다.

우리는 18년 동안 주님의 노사도인 데릭 프린스(Derek Prince) 형제의 곁에서 그를 섬길 수 있었던 것에 대해 지금도 감사하고 있다. 우리는 그에게 어떤 요구도 하지 않았다. 우리는 그의 필요를 채우고 그가 원하는 것이라면, 작은 것이든 큰 것이든 기회가 있을 때마다 기쁘게 섬기며 순종했다. 수년 동안 우리는 그의 집을 청소했다. 하나님의 영광을 드러내며 수십만 명의 사람들의 삶을 어루만지는 하나님의 사람을 섬기는 것은 우리에게 오히려 감지덕지한 일이었다. 당신은 아는가? 우리의 아들이 치유받아야 할 때 성령님이 함께하셨다. 우리는 "하나님의 종을 극도로 귀하게 여기고 섬긴다고 해서 과연 하나님의 놀라운 기름 부음과 축복이 임하게 될까?"라고 가끔 반문해 보곤 한다.

예수님이 값을 치르셨기에 우리는 그분의 발자국을 따라가는 특권을 누리고 있다. 이곳에서 팔을 하나 잃으면 그곳에서 명예를 얻고 "할렐루야"라고 외칠 것이다. 우리는 그저 우리의 짐을 풀며 하나님이 오셔서 머무실 수 있는 더 많은 공간을 만들면 되는 것이다.

둘째, 은사보다 임재를 구하라

우리는 최근에 평범하지 않은 현상들을 경험했다. 아주 놀랍지만 또한 혼란을 가져다줄 수 있는 그런 흐름이다. 그중 하나는 그분이 선물로 주시는 은사와 그분의 임재의 차이를 보게 되었다. 우리는 무엇을 구하고 있는가? 그분의 임재가 중요하다.

로마서 11장 29절을 보면 "하나님의 은사와 부르심에는 후회하심이 없느니라"라고 기록되어 있다. 이 말은 하나님이 다시 가져가지 않으신다는 것이다. 이 은사들은 신적인 것이고, 초자연적인 것이며, 기름 부음이 임한 것으로서 성도들을 준비시키는 것이다. 그리고 그 안에는 하나님의 능력의 전수가 함께한다. 우리는 이 모든 것을 환영하고 받아들인다. 이 은사들은 하나님의 신부를 치장하기 위한 것이다.

그러나 신부 드레스는 부차적인 것이다. 신부가 치장한 보석들은 본질적인 것이 아니다. 정말로 중요한 것은 신부다. 은사들은 그 신부를 치장하는 것이다. 그분은 그 은사들을 주시고 또다시 가져가지 않으신다.

그러나 여기에 신비가 있다. 왜냐하면 하나님은 그분의 은사를 주시고 다시 가져가지 않으시기에 사람들은 육체 가운데 행하면서도 그 은사들을 사용하고 있다. 이것이 바로 유명한 사역자들이 곤란을 겪는 이유이다. 육체가 지배하기 시작할 때, 하나님은 인내심을 발휘하시며 우리에게 말씀하신다. "이 문제를 한번 살펴보자. 이 부분을 조정해 보자. 안 된다. 그런 식으로 하면 안 된다." 그러나 계속해서 육체가 그 마음을 지배하고 더 이상 조정되지 않는 순간까지 이르게 되면 그 일이 아무리 신앙과 사역에 관련된 일이라 할지라도, 성령님은 슬퍼하시며 조용히 물러가신다. 이런 일이 생기면 진공 상태가 발생하게 되는데, 당신도 자연적인 법칙을 알게 될 것이다. 자연은 공백을 싫어한다. 초자연적인 영역은 더욱 그러하다. 성령님이 물러가시면 변질된 종류의 기름 부음이 들어올 수 있다.

이 세상의 가치관과 육신적인 방법으로 일이 진행될 때, 하나님의 영광은 사라진다. 하나님이 은사를 주셨다면 그 은사는 그대로 있을 것이다. 그러나 다른 기름 부음 밑에서 역사하게 될 것이다. 그렇기 때문에 하나님의 영광을 구한다는 것은 은사를 받는 것이 아니라 그분을 소유하는 것이다.

하나님은 우리에게 그분의 영광을 분별할 수 있도록 가르치신다. 우리는 그분이 오셔서 거주하시며 쉴 수 있는 방을 만들기 원한다. 우리는 그분의 임재로부터 기적을 맛보게 될 것이다.

셋째, 하나님만으로 평안을 삼으라

놀라운 기적들은 샬롬의 자리, 곧 하나님이 거하시는 평안하고 소망이 가득하며 온전함이 넘치는 그런 자리에서 일어난다. 간혹 사람들은 다른 요소들을 중요하게 여기며 여호와 샬롬, 평안의 하나님의 임재를 무시한다. "나는 여호와 이레(Jireh), 곧 예비하시는 하나님을 원한다. 나는 여호와 라파(Rapha), 곧 치료하시는 하나님을 원한다. 여호와 체바오트(Sabbaoth), 곧 만군의 주이신 하나님을 원한다. 하나님이 공급하셔야 한다. 하나님이 치료해 주셔야 한다. 하나님이 싸우셔야 한다." 이렇게 생각하는 사람들은 하나님이 우리 안에 평안이 되셔서 이 모든 영역에 하나님의 방법대로 일하시도록 해야 하는데, 가끔 그 중요한 포인트를 놓치기도 한다. 우리는 그분이 우리에게 오셔서 거하시게 되면 바로 행동에 나서기를 원한다.

수넴 여인은 이렇게 말했다. "모든 것이 다 괜찮다." "아무런 문제 없다." "모든 것이 다 잘될 것이다." 이 말은 바로 샬롬(Shalom)인데, 샬롬이라는 말은 히브리어로 '온전함, 웰빙(well-being), 그리고 평화가 순조롭게 퍼져 나가는 것'을 뜻한다.

나(보니, Bonnie)는 우리 아들 아론이 태어날 때 주님이 어떻게 방문해 주셨는지에 대해 앞에서 언급했다. 그분의 음성은 말 그대로 내 몸을 관통하셨다. 그리고 주님의 말씀을 따라 20여 명 정도의 의사와 간호사들이 보는 앞에서 아론이 태어났다.

아이가 태어난 지 몇 주 후에 마헤쉬(Mahesh)는 아프리카에 갔다. 내 손 길이보다도 작았던 아론은 끝없이 많은 수술을 받아야 했는데, 마헤쉬가 아프리카에 있을 때 다섯 번째 수술을 받았다. 나는 그날 자기 연민의 감정에 휩싸였다. 벌써 몇 번째 죽음의 고비를 넘나드는 것인지 참으로 답답하기 그지없었다. 나는 정신적으로 지쳤을 뿐만 아니라 영적으로 지쳤으며, 육체적으로도 지쳐 있었다. 나는 한 시간을 더 기다려야 했는데, 더 앉아서 기다릴 수 없어 밖으로 나와 병원의 현관 밑에 서 있었다. 그날은 흐리고, 비가 오고 있었다.

나는 언제나 하나님께 경솔하게 말하지 않도록 노력했지만, 그날은 현관의 기둥에 기대어 "주님, 당신께서 당신의 친구를 인도하는 방식이 이런 것이라도…"라고 말하며 "나는 확실히 당신의 적이 되고 싶지 않아요"라고 말했다. 그런데 그 다음 말을 잇기도 전에 나의 영안이 열려서 예수님이 거기 서 계신 것을 보게 되었다. 그분은 내 건너편 기둥에 기대어 서 계셨다. 마치 거울 속을 들여다보는 것 같았다. 그분은 나를 보시며 분명한 어조로 이렇게 말씀하셨다. "보니(Bonnie)야, 나는 너와 함께 있다. 이전보다 더욱더 가까이 말이다."

나는 그날 시편 23편을 계시로 받았다. 주님은 나의 목자시다. 그러므로 나에게는 부족함이 없다. 그분은 이렇게 말씀하셨다. "샬롬! 내가 여기 너와 함께 있다. 샬롬! 나는 여호와 샬롬이다." 그분은 정말 샬롬이셨다. 상황은 더욱 요동치고 있었지만 그날의 만남이 전환점이 되었다. 상황 때문에 더 이상 마음의 평정심을 잃지 않았다. 그리고 하나님이 아론에게 부활의 생명을 궁극적으로 허락하셨다.

그날 우리가 배운 비밀은 고난과 어려움을 지나면서 우리 안에 있는 무엇인가가 더욱 강해져 하나님의 영광이 거주하실 자리가 마련된다는 것이었다. 우리는 부족한 것이 많기에 이 죽을 수밖에 없는 육체 상태에서는 어려움을 겪을 수 있다. 그러나 샬롬이신 여호와 하나님이 거하실 처소를 만든다면 어려움이 무엇이든지 문제될 것이 없다. 당신은 지금 사망의 음침한 골짜기에 있을지도 모른다. 그런데 바로 그 순간 당신의 영혼은 하나님이 당신을 안고 계시다는 것을 갑자기 깨닫게 될 것이다. 그렇게 되면 더 이상 아무것도 문제될 것이 없다는 사실을 알게 될 것이다.

넷째, 영원의 관점을 유지하라

당신이 하나님의 거처를 만들면 그분이 보상해 주신다. 이 땅에서도 상을 주실 수 있지만 당신의 영원한 상급은 하늘에 있다. 그런데 교회에서는 하늘에서 받을 영원한 상급에 대해 충분히 강조하고 있지 않다. '치유, 기적, 현재 삶을 위한 공급' 등의 은사들만이 강조되고 있으며, 우리가 천국에 가서 받을 보상에 대해서는 거의 초점을 맞추고 있지 않다.

우리는 이 영원한 상급이 주는 위로에 더욱더 초점을 맞추어야 한다. 이것이 미래에 당신에게 힘이 될 것이다. 지구상의 부유한 나라들이 경제적으로 흔들리는 것을 보라. 이 세상 모든 것은 흔들릴 수 있다. 그러나 걱정할 필요가 없다. 우리는 우리의 눈을 들어 주님을 볼 수 있게 해 달라고 기도해야 한다. 우리는 이 땅에 있는 것들보다 하늘에 있는 것들에 대한 소망에 초점을 맞추며 이야기해야 한다.

왜 엘리사와 예레미야와 같은 선지자들이 계속해서 수넴 여인에 대해 이야기했을까? 성경에서 수넴 여인의 이야기는 열왕기하 4장 8-37절에 길게 한 번, 그리고 8장 1-6절에 다시 한 번 소개되고 있다. 또한 앞에서 언급했듯이 예레미야 선지자가 이 부분을 기록했다고 전해진다. 이렇게 수넴 여인에 대한 이야기를 하는 것은 당시 이스라엘이 계속해서 '기근, 전쟁, 또 다른 기근, 침략 등의 어려움'을 겪었기 때문일 것이다. 수넴 여인의 이야기는 이렇게 요동치는 시기 한가운데에서 진정한 평안을 누린 한 사람의 이야기였기 때문이다. 하나님이 친히 그녀의 평안이 되어 주셨다. 샬롬(Shalom) 되신 여호와 하나님이 그곳에 거하실 수 있었기 때문이다.

이런 내주하심은 십자가를 지는 삶, 곧 하나님의 뜻에 순종함으로 오는 만족에 대해 이야기해 준다. 우리가 그분과 보조를 맞추어 걸어갈 때 그분은 우리와 함께 춤추신다. 그곳에는 영광과 환희가 넘친다.

영광 가운데는 쉼이 있다. 우리의 삶 가운데 하나님의 임재를 위한 방을 만드는 것이 우리가 위기로부터 벗어나 만족에 처할 수 있는 생명의 지름길이다. 우리가 성령님이 내주하실 장소를 만들 때 그분은 강림하셔서 머무신다.

제 5 장

/

타협의 여지를
두지 말라

❧ ❧ ❧

그 안에는 신성의 모든 충만이 육체로 거하시고 너희도 그 안에서 충만하여졌으니 그는 모든 통치자와 권세의 머리시라(골 2:9-10).

Make Room For Your Miracle

수넴 여인이 말하길...

어느 날 저녁, 엘리사는 제가 지금까지 본 모습 중에 가장 활기찬 모습으로 우리 집에 왔습니다. 우리는 하인들이 자러 간 다음에도 계속해서 믿음의 교제를 나누었습니다. 우리 뒤로는 촛불의 잔영들이 벽 위에서 춤추고 있었는데, 마치 거룩한 분이 장막 뒤에서 우리의 대화를 듣고 계신 것 같은 분위기를 자아냈습니다.

엘리사는 드디어 자신의 멘토인 위대한 선지자 엘리야와 그분이 아합의 정부와 창녀 같은 시돈 출신 이세벨에게 하나님의 영광을 어떻게 드러냈는지에 대해 이야기해 주었습니다. 갈멜산에서 바알의 선지자들과 대결할 때 거룩한 불이 갑자기 물을 부은 제물과 나뭇단 위로 떨어져 마치 석고로 만든 상자를 부수듯이 제물과 나뭇단과 돌들과 흙을 태웠고, 도랑 안에 있는 물까지 모두 말려 버려 결국 바알의 선지자들이 죽게 된 것에 대해 엘리사는 손과 온몸을 사용하여 마치 연극하듯이 자세하게 이야기해 주었습니다.

저는 팔꿈치를 탁자 위에 올리고 앞으로 기댄 채 엘리사의 스승의 손 안에서 일어난 기적의 이야기를 넋을 놓고 들었습니다. 옛 선지자는 아합 왕을 하나님께 무릎 꿇게 하려고 가뭄을 달라고 했습니다. 사악한 왕비에게 마음을 빼앗긴 아합 왕은 사마리아를 바알 예배의 중

심지로 만들어 버렸습니다.

"그는 이스라엘의 어느 왕보다도 더 큰 하나님의 진노를 샀습니다." 엘리사는 계속 말을 이었습니다. "저의 스승님은 그 당시 아합 왕 앞에 서서 아주 단호하게 맹세했습니다. 저는 그분이 털옷을 허리띠로 단단하게 묶은 채 궁정으로 당당하게 걸어 들어가는 모습을 지금도 혼자 상상해 봅니다." 엘리사의 눈이 빛났습니다. "그분은 로뎀나무의 밑동 같은 단단한 다리로 아합의 보좌 앞에 요동하지 않는 모습으로 섰습니다. 아합과 이세벨은 도마뱀처럼 움츠린 채 앉아 있었죠. 그분은 허리춤에 손을 얹고, 기름이 부어질 때 큰 소리로 외쳤습니다. 그분은 때때로 마치 이 세상에서 남은 날을 알아 계수하시는 것처럼 보였고, 그날들이 고통으로 가득 찰 것을 아시는 것 같았습니다. 그분은 마치 비가 엄청나게 쏟아지기 전에 전차를 아주 빨리 모는 사람 같았습니다."

저는 그 사람들이 하나님의 음성을 들었을 때, 어떤 식으로 들었는지 몹시 궁금했습니다. 그러나 우리 탁자 위에 임한 그 경이로운 위엄을 깨거나 기적적인 이야기의 흐름을 끊을 용기가 나지 않았습니다. 그분이 이야기할 때 빛이 더욱 환하고 밝게 비춰지는 듯 했기 때문입니다.

"아합 왕 때에 베델 사람 히엘이 여리고를 재건했지요. 여호수아가 그 도시의 문들을 다시 세우는 사람은 장자를 잃게 될 것이라고 저주 했었는데도 말입니다."

욕단이 선지자의 말을 받아 흥분해서 말했습니다. "참으로 어처구

니없는 일입니다. 하나님이 저주하신 도시를 다시 세우다니요. 자신의 명성 때문에 도시를 세운 오만한 멍청이가 그것 때문에 대가 끊어졌지요."

남편인 욕단의 입에서 그런 말이 나오자, 그에게 아들을 못 낳아 준 아내로서 얼굴이 후끈 달아올랐습니다. 저는 조심스럽게 숨을 내쉬며 다른 사람들이 제 얼굴을 바라보지 않기만을 바랐습니다.

"이스라엘의 하나님은 살아 계십니다." 엘리사는 계속 말했습니다. "저는 지금 그분을 뵐 수 있어요. 눈동자는 불꽃같고 빳빳한 털이 마치 사자 갈기처럼 머리에서 나와 무성하십니다." 그는 마치 스승의 무서운 목소리를 흉내 내듯 말했습니다. "내가 말하기 전까지 앞으로 몇 년 동안 비뿐만 아니라 이슬도 내리지 않을 것입니다."

그분은 달콤한 와인을 한 모금 마시더니 이야기를 계속 이어 나갔습니다. "정말 스승님의 말대로 되었지요." 그분의 목소리는 다시 자신의 목소리로 돌아왔습니다. 컵을 탁자 위에 올려놓고 이렇게 말했습니다. "스승님은 이스라엘의 진정한 목자였습니다."

그러나 그분은 그 이스라엘의 위대한 선지자의 인간적인 부드러운 면에 대해서도 말해 주었습니다. 그분이 죽이겠다는 이세벨의 위협 가운데 어떻게 도망갔는지, 그리고 하나님의 음성이 불 가운데나 폭풍 가운데나 지진 가운데 오시지 않고 사랑하는 사람의 세미한 음성으로 온 것 등에 대해서도 이야기해 주셨습니다.

"조용하고 작은 목소리였지만 확신에 가득 찬 그분의 음성 때문에 엘리야는 숨었던 동굴에서 나올 수 있었습니다." 엘리사는 이렇게 말하고는 그 순진해 보이는 얼굴로 허공을 쳐다보며 덧붙였습니다. "그러고 나서 그분이 저를 찾아오셨죠. 그때 도망쳤어야 했었는데…."

우리는 그 말에 서로 웃었습니다. 그분의 말투가 냉소적인 농담투이긴 했지만, 진짜 속마음을 드러낸 말이라는 것을 알 수 있었습니다. 그분은 주님의 기름 부음을 생명과 죽음이 달린 문제처럼 진지하게 받아들인 것이지요.

"생각해 보세요." 드디어 제가 입을 열었습니다. "정말 하나님의 말씀대로 이슬 한 방울도 내리지 않았다니 놀라워요."

"오직 세 가지만은 하나님이 열쇠를 쥐고 계시다고 그분이 제게 말씀해 주셨습니다." 엘리사가 스승님의 말씀을 기억해 내었습니다. "비와 자녀, 그리고 죽은 자의 부활이 그것입니다."

이제 우리는 들으며…

수넴 여인이 살던 시대의 영적이고 정치적인 환경은 오늘날 우리의 상황과 크게 다르지 않다. 옛날에 이세벨 혹은 마술사들의 모습으로 역사했던 그 영은 지금 적그리스도의 선봉장으로 뛰고 있다. 이 마술의 영은 적그리스도의 영이 와서 각 나라와 사회를 주님께로부터 빼앗기 위한 기초를 놓으려고 지금 전 세계적으로 광범위하게 일하고 있다.

우리가 주님이 임재하실 수 있는 방을 우리 마음속에 만들 때 우리는 우리 주변에서 일어나고 있는 전쟁의 승리자이신 주님과 함께 크게 기뻐할 수 있다. 그러나 이것은 전쟁이요, 전투이기 때문에 적의 전략에 주의를 기울여야 한다. 영적인 영역에서 중립 지대는 없다. 우리가 지금까지 살펴본 것처럼 하나님의 임재는 축복과 평안, 그리고 기적을 가져다준다. 그러나 한편 우리가 주님을 위한 자리를 마련하지 못한다면 악이 들어올 문이 열린다. 사람들이 기름 부음과 영광이 임할 문을 닫으면 닫을수록 어둠의 능력이 들어올 자리가 더욱 넓어지는 것이다.

여기 명백한 예가 있다. 20세기 초반 아주사(Azusa) 부흥 운동이 전 세계를 휩쓸었을 때 독일의 주요 교회들은 그 부흥을 달가워하지 않았다. 그래서 그들은 실제로 이 성령 운동이 자신들의 나라에서 역사하는 것을 거부하는 성명서를 썼고, 그곳에 서명했다.

그들은 성령님께 "여기에 오지 마십시오"라고 쓴 것이다. 이 일로 인해 그들 마음 가운데 진공이 생겼고, 원수가 그 공백을 메웠다. 그래서 세계에서 가장 교육을 잘 받았고, 교양이 있으며, 또 손재주가 있는 장인들이 올바른 일을 한다고 생각하면서 어린 아이들을 포함해 수백만 명의 사람들을 죽였던 것이다. 그들이 성령의 흐름을 막았기 때문에 마술의 영과 적그리스도의 영이 들어갈 수 있는 많은 문이 열렸던 것이다. 적그리스도의 영은 성령님의 능력을 무효화시킬 수 있을 정도로 효과적으로 일할 수 있는 방법을 안다.

적그리스도의 영을 안내하는 선봉장인 마술의 영은 세 가지 목표를 가지고 있다. 그들이 목표를 이루기 위해 가장 잘 사용하는 방법이 '위협'하는 것이다. 이것의 전형적인 예는 서구 사회에 만연되어 있는 사회적 약자를 배려하는 문화를 이용하는 것이다. 이 방법이 실패하면 두 번째로 '조종'하는 방법을 사용한다. 누군가 미혹되어 유혹에 빠질 수 있는 약점을 찾는다. 이런 교묘한 방법이 통하지 않으면, 마지막으로 마술의 영은 힘을 사용하여 '점령하고 지배' 하려 한다. 이러한 것들이 오늘날 영적인 왕국들이 충돌하는 현장에 명백하게 드러나는 일들의 원인이 된다.

적그리스도의 영은 점점 더 강해지고 있다. 이 영은 좋은 것을 악하다고 하고, 악한 것을 좋은 것이라고 주장하는 바로 그 영이다. 이 영은 낙태를 이성적인 결정이라고 하면서, 태아들을 살인하는 행위임을 밝히며 낙태를 반대하는 사람들을 악하다고 주장한다. 이 영은 정상에서 벗어난 삶을 정상적이라고 하며, 결혼에 대해 기독교적인 관점을 견지하고 있는 사람들을 비난한다. 여기에는 인종차별과 편협한 신앙, 그리고 반유대주의가 자리 잡고 있다.

대부분의 사람들은 적그리스도의 영이 교회 안에서 시작되었다는 것을 모르고 있다. 이 말은 그 영이 종교적인 가면을 쓸 수 있고 궁극적으로는 진리를 배신할 것이라는 뜻이다. 이 사실을 요한일서에서는 다음과 같이 밝히고 있다.

> 아이들아 지금은 마지막 때라 적그리스도가 오리라는 말을 너희가 들은 것과 같이 지금도 많은 적그리스도가 일어났으니 그러므로 우리가 마지막 때인 줄 아노라 그들이 우리에게서 나갔으나 우리에게 속하지 아니하였나니 만일 우리에게 속하였더라면 우리와 함께 거하였으려니와 그들이 나간 것은 다 우리에게 속하지 아니함을 나타내려 함이니라(요일 2:18-19).

오늘날 적그리스도적인 교리와 운동, 그리고 사이비 종파들과 이단들, 유사 종교들이 활개를 치고 있다. 이것들은 모두 기독교적인 것으로 보이거나 스스로 기독교적이라고 주장하지만, 그 열매는 판이하게 다르다. 적그리스도의 영은 메사아이신 그리스도 예수의 영을 대적한다. 메사아는 '기름 부음 받은 자'란 뜻으로 하나님의 영의 충만을 나타낸다. 그렇기 때문에 적그리스도의 영은 그리스도가 그를 믿어 죄

씻음을 받은 자들에게 주시는 기름 부음도 대적하는 것이다.

이러한 악한 영들에 대한 해독제가 있다면 그것은 바로 우리가 누구인지 아는 것과 우리가 지금 왜 여기에 있는가를 아는 것이다. 이제 교회가 일어나 빛을 발할 때이다.

첫 번째 무정부 상태

오늘날 더욱 현저하게 활동하고 있는 악한 영들은 실로 오랫동안 활동해 왔다. 루시퍼라는 세력이 하늘에서 하나님께 반역하여 자기 스스로 왕권을 차지하고자 했던 첫 번째 무정부 상태에서 전쟁이 시작되었다. 그 전쟁은 우리가 알고 있는 보통의 무기를 들고 하는 싸움이 아니다. 에스겔 28장을 보면 그 전쟁은 정치적인 다른 진영 간에 이론과 견해와 성명이 난무하는 지혜의 전쟁과 같다(5절에 나오는 '무역'이라는 히브리어 단어에는 '지혜 운동' 곧 '누구의 생각이 더 옳고 지혜로운가를 가리고자 벌이는 정치적 유세 같은 것'이라는 뜻도 있다).

사탄은 원래 아름답고 매력 넘치는 자였다. 그렇지 않았다면 어떻게 그가 하나님의 사역자로 창조된 거룩한 천사들의 30% 정도를 설득하여 자신의 반역에 동참시켰겠는가. 이것이 에덴동산 사건의 배경이 된다. 루시퍼에 속한 이 타락한 그룹이 거룩한 분의 아들이신 그리스도와 함께 창조된 세계를 유산으로 받도록 창조된 인간을 추적한 것이다. 너무나도 논리적으로 창조되어 스스로 자신에게 속아 하나님의 자리를 빼앗으려는 존재가 있다는 것은 사실 상상하기 어려운 일이다.

그러나 이러한 초대 무정부 상태가 있기 훨씬 전에, 삼위일체 하나님 간에 회의가 있었다. 거기서 그 성자 하나님은 "제가 내려가겠습니다"라고 미리 선언하셨다. 예수님은 광야에서 그 마귀를 일대일로 대면하셨으며 그를 먼지 구덩이 속으로 던지셨다.

예수님은 어떻게 그렇게 하실 수 있었는가? 예수님은 자신이 누구인지 분명히 아셨고, 그때 그 자리에 계신 이유를 알았기 때문이다. 동의와 인정에는 능력이 있다. 아담과 하와는 뱀이 유혹하는 말에 동의해서 이 세상을 건네주고 말았다. 예수님은 하나님의 영원한 말씀에 동의하여 죽음의 권세를 깨뜨리시고 승리하셨다. 예수님은 궁극적으로 하나님의 약속은 죽음과 무덤에게까지 미친다는 사실을 믿으신 것이다. 그리고 그는 자기 자신만을 위하여 부활하신 것이 아니라 그를 통하여 하나님의 상속자가 될 모든 사람들을 위하여 부활의 승리자로 죽음을 이기셨다.

이 이야기는 신화나 우화가 아니다. 또한 전설도 아니다. 이 이야기는 우리의 매일의 삶에 영향을 주는 영적인 실재이다. 그분이 갈보리의 나무 위에서 자신의 몸이 찢기셨을 때 예수님은 그 정사와 권세들을 한 번에 영원히 깨뜨리시고 그 발밑에 두셨다. 사탄은 자신의 시간이 얼마 남지 않았다는 것을 알지만, 그 패배를 인정하려고 하지 않았다. 그렇기 때문에 주님이 다시 오실 때까지 계속 전쟁이 있을 것이다. 사탄은 어떻게 해서든 많은 사람들을 계속 속이려 할 것이다.

타협은 문을 열어 준다

이스라엘의 역사는 우리가 하나님을 믿고 따르는 올바른 길과 잘못된 길이 어떤 것인가를 잘 보여 준다. 몇 세대 만에 하나님의 소유였던 백성들은 우상으로 타락했다. 솔로몬은 하나님이 정하신 몇 가지 단순한 기준들을 넘어섬으로써 그 문을 조금 열었다. "이방 여자와 결혼하지 말라. 빠르게 달리는 준마처럼 이집트 사람들이 좋아하는 것들에 반하지 말라." 이 두 가지는 바로 솔로몬이 말년에 마음을 빼앗긴 대표적인 것들이었다. 이런 타협으로 인해 그의 지혜는 타락했다.

그의 아들 르호보암은 다음 단계로 나아갔다. 하나님의 진노의 잔이 찼을 때 그는 동기와 인격이 의심스러운 낮은 계층의 사람이 하나님의 소유였던 이스라엘을 분할하여 같이 통치하도록 만들었다. 이것은 마치 사람들이 자신들과 같은 종류의 사람으로 하여금 자신들을 다스릴 수 있는 권한을 준 것과 같다.

여로보암은 북왕국을 세웠고, 하나님의 소유가 둘로 나누어졌다. 하나님의 이름을 두고자 선택된 이스라엘의 성전은 여로보암의 질투의 대상이 되었다. 결국 여로보암은 황금소 우상을 두 개 만들어 북왕국의 입구에 세우기에 이르렀다. 그는 사람들의 마음과 인정을 얻으려고 성전의 제단을 그대로 본떴고, 새로운 절기들을 만들었다. 그의 제안대로 사람들은 더 이상 예루살렘에 가려고 긴 여행을 하지 않아도 되었다. 그러나 거기에는 사실 숨은 동기가 있었다. 바로 자신의 권력을 유지하려는 것이었다. 사람들이 예루살렘에 다닌다면, 하나님을 사랑하게 되고, 이와 연관되어 유다의 왕을 존경하게 되면 자기의 권력을 잃게 될 것이기 때문이었다.

자세히 살펴보면 그의 계획은 대안이요, 대체물이었다. 그는 "하나님을 경배하자! 그러나 좀 더 편하게 예배드리자"라고 말한 셈이다. 오래지 않아 그것은 우상숭배로 전락되어 버렸다. 처음에 작은 타협의 문을 연 것인데, 결국 이세벨이 그 문을 통해 활보하게 된 것이다. 그녀는 시돈의 제사장이요, 아합 왕의 정치적 동맹 세력이었던 에드바알(Ethbaal)의 딸이었다. 그녀는 자신의 우상과 거짓종교와 하나님을 증오하는 마음, 그리고 자신의 종들을 데리고 왔다.

진정한 능력의 음성을 알라

우리는 오늘날 마술의 영이 아주 웅장하게 역사하는 것을 본다. 당신은 아는가? 종교적 영은 당신이 매우 종교적으로 보이는 것들을 예배하지 않으면, 정말 부끄러운 일이라고 한다. 당신은 정말 자신이 잘못된 것인가 의심하기 시작할 것이다. 어떤 사람들은 구원을 잃어버린 것은 아닌가 하고 의심한다. 이러한 속임수가 얼마나 강력한지 모른다.

이런 이세벨의 영에게 당신 혼자 협박받는다고 생각하지 말라. 잠시 다음과 같은 장면을 생각해 보라. 열왕기상 19장 1절을 보면 아합이 엘리야가 한 모든 일과 그가 칼로 모든 예언자들을 죽인 일을 낱낱이 이세벨에게 알려 주었다는 사실을 기록하고 있다. 이 일은 주님의 영으로 기름 부음 받은 선지자 엘리야가 하늘로부터 불을 내려 그 제물을 다 태웠던 그 영광스러운 일 직후에 일어났다. 그 순간 사람들은 누가 진정한 신인지 알게 되었고, 엘리야는 바알 신을 섬기는 제사장 450명의 죽음을 감독했었다.

이세벨은 격노했다. 그녀는 엘리야에게 심부름꾼을 보내 다음과 같이 말했다. "내가 내일 이맘때에는 반드시 네 생명을 저 사람들 중 한 사람의 생명과 같게 하리라 그렇게 하지 아니하면 신들이 내게 벌 위에 벌을 내림이 마땅하니라 한지라"(왕상 19:2). 다시 말하면, "엘리야, 너는 이미 죽은 목숨이야"라고 말한 것이다. 이것이 마술의 영이 말하는 것이다. 그리고 엘리야가 이 말을 들었을 때, 그는 "이 형편을 보고 일어나 자기의 생명을 위해 도망"하였다(3절).

당신은 다윗 왕이 목숨을 살리려고 동굴에 숨었었던 것을 기억하는가? 엘리야도 똑같이 했다. 역사상 하나님의 특별한 기름 부음을 받았던 두 사람들이 도망갈 수밖에 없었던 그 무엇인가가 있다. 그것은 그리스도의 임재와 기름 부음 받은 사람들을 미워하는 세력이 있기 때문이다. 이것이 이 세상의 실체이다.

당신이 기름 부음 받은 사람에 속한다면, 즉 당신이 그리스도인이라면 당신에게 대항하는 보이지 않는 세력들이 있다는 것을 기억해야 한다. 불행하게도 가끔은 그 보이지 않는 세력들이 '보이는 자들' 중 다른 사람들을 이용하여 당신을 조종하고 지배하려고 한다. "네가 너를 협박하여도 너를 내 마음대로 움직이지 못한다면, 나는 너를 교묘하게 조종하고 겁을 먹게 하여 너를 계속 지배할 거야. 그리고 내가 너를 유혹하지 못하거나 너를 두렵게 하지 못한다면 나는 너를 계속 침륜에 빠지게 하고, 그 자리에서 벗어나지 못하도록 족쇄를 채워 너를 옴짝달싹하지도 못하게 할 거야."

그러나 이것은 진정한 전능자의 음성이 아니다. 진정한 능력자는 잠잠히 사랑하신다. 세미한 음성으로 말씀하신다. 임재하시며 영광을 보이시고 임마누엘로 우리와 함께하시는 하나님이시다. 우리가 듣고 싶은 것은 바로 하나님의 음성이다. 다윗 왕은 그런 하나님의 음성을 들으며 점점 강한 사람이 되었다. 마치 외투로 추위와 다른 위험으로부터 자신을 보호하듯이, 엘리야도 그분의 음성으로 자신을 감쌌다.

예수님도 하나님의 음성을 들으시고 사탄에게 "사람이 빵으로만 살 것이 아니라, 하나님의 입에서 나오는 모든 말씀으로 살 것이다"라고 말씀하셨다. 우리는 하나님이 우리를 부르신 그날 우리와 나누신 그 신적인 대화를 기억해야만 한다. 그것은 우리의 진정한 운명과 인생의 목적에 대해 세미한 음성으로 들려주신 바로 그 말씀이다.

당신은 당신을 기다리시는 하나님이 당신을 찾지 못할 만큼 눈에 띄지 않고 깊이 숨을 수 있는 동굴이 있다고 생각하는가? 하나님은 당신이 동굴에서 살도록 두지 않으실 것이다. 당신이 일대일로 그분을 이미 만났다면 그분이 당신 마음 가운데 이미 용감한 마음을 심어 두셨다. 당신을 위해 죽으신 분을 위해 죽을 수 있는 그런 마음 말이다. 그분은 그 마음을 사랑하신다. 그 마음은 마치 아주 달콤한 향과 같다. 그것이 바로 하나님의 마음을 뛰게 만드는 것이다. 그분은 언젠가 예수님께 "예"라고 대답할 당신 안에 있는 그 작은 음성을 소중히 여기시고 사랑하신다.

예수님은 세상을 위하여 자신의 목숨을 주셨다. 우리는 부흥의 시기에 살고 있다. 우리는 새롭게 각성된 감각으로 살고 있다. 그분은 정말 가까이에 계신다. 우리는 그분의 영광을 볼 것이다.

그러나 당신은 아는가? 모든 사람들이 당신과 같이 갈 것은 아니다. 이 말은 당신이 특별하다는 뜻이 아니다. 만약 당신 안에 예수님을 향해 채워지지 않는 갈급함이 있다면, 또한 그분의 임재가 늘 거하실 수 있는 방을 마련하기 원한다면, 그런 욕구를 갖게 된 것도 하나님의 은혜이다. 당신은 기름 부음을 알고 있고 영광을 분별하고 있다. 영광이 임할 때 언제나 어떤 특이한 것이 환상적으로 나타나지 않는다. 그럴 필요가 없다. 영광은 부드럽고, 분별이 가능한 거룩하신 하나님의 확실한 임재이다. 이 임재가 우리 안에 가득 차면, '아무런 문제없이, 모든 것이 다 괜찮고 평안하다' 라는 하늘의 평안, 곧 샬롬이 우리에게서 샘솟게 된다.

하나님의 영광으로 가득 채우라

이세벨의 영과 그의 동반자인 적그리스도의 영을 대적하기 위한 가장 좋은 전략은 무엇인가? 첫 번째로 하나님이 거하실 우리의 마음의 방을 하나님의 영광으로 더 채워야 한다. 우리의 무기는 하나님의 선하심이다. 선하신 하나님이 영광스런 은혜와 자비로 우리 마음을 가득 채워 주실 것이다.

만군의 주이신 여호와 체바오트(Sabbaoth)께서 세우신 위대한 전략은 그분의 임재이다. 나사렛 예수 그리스도께서 검을 들고 오셔서 그의 신부를 전투로 인도하시며 승리로 이끄신다. 요한일서 2장 20절에 "너희는 거룩하신 자에게서 기름 부음을 받고 모든 것을 아느니라"라고 했다. 주님이 확신 있는 어조로 말씀하신다. 적그리스도의 영이 올 때 그 해결책은 기름 부음이다. 거룩한 성령 하나님의 충만한 임재, 그것이 답이다.

말씀으로 경고하시는 하나님은 우리에게 마지막이 가까이 왔음을 알리신다. 그러면서 "어린 자녀들이 성령의 음성에 귀 기울인다. 어린 자녀들이 부르심을 받는다. 마지막 날을 위해 거룩한 기름 부음을 받으라"고 말씀하신다. 작고 세미한 음성이 "적그리스도가 온다! 서둘러라! 너는 그때가 되었을 때 지혜롭게 행동하려면 그래프와 도표들, 그리고 몇 개의 조직들을 만드는 게 좋을 것이다"라고 말씀하시지 않는다.

그 대신 "어린 자녀들아"라고 말씀하신다. 당신이 더 어린 아이같이 될수록 기름 부음과 하나님의 영광 가운데 더욱 굳게 서게 될 것이다. 하나님으로 하여금 일어서시게 하라. 그의 원수들로 하여금 흩어지게 하라. 그분을 위해 당신 마음 가운데 지성소를 만들라. 그것이야말로 장엄한 마지막 전쟁을 위해, 적그리스도와 마술의 영에 대적할 만반의 태세를 갖출 수 있는 최선의 방법이다.

우물을 덮으라

사도 바울은 두렵고 떨리는 마음으로 자기의 구원을 이루어 나가라고 우리를 권면하고 있다(빌 2:12 참고). 이 구원을 이루어 나가는 방법 가운데 하나는 어두움으로부터 우리의 마음을 지키는 것이다. 이것을 좀 더 잘 이해할 수 있도록 그림을 그려 보자.

마귀가 거할 곳을 찾아 헤매고 있다고 상상해 보자. 그리고 당신 마음 가운데 쓴뿌리의 연못이 있다고 생각해 보라. 그 연못이 작을 수도 있지만 쓴뿌리의 마음이 고여 있는 연못이기 때문에 마귀가 와서 마실 수 있다. 마귀는 아픔을 양식으로 삼기 때문에 그 연못에서 당신의 분노와 아픔, 불안감, 질투, 습관적인 죄들을 길어 마실 수만 있다면 그 연못에 양동이를 내릴 것이다. 그리고 계속해서 그 물을 마실 것이다. 그리고 동료들을 부를 것이다. 그리고 거기에 가게를 차려 놓고 당신의 머리 위에서 춤을 출 것이다.

주님이 말씀하신다. "네 마음을 지켜라." 당신의 영적 건강은 당신의 마음을 죄로부터 얼마나 잘 지켜내느냐에 달려 있다. 주님이 표면으로 무엇인가를 끌어올리실 때 주님이 그것들을 처리하실 수 있도록 자리를 내어 드리라. 그런 것들에게 틈을 주어서는 안 된다. 이스라엘 사람들은 새로운 땅을 정복했을 때 가끔은 "봐 주지 말라"는 명령을 받았다. 똑같은 원칙이 믿음의 영역에서도 적용되는 것이다.

내 인생을 돌이켜 보았을 때, 나(보니, Bonnie)는 내 자신을 지키기 위해 많은 방법들을 사용해 왔다. 기도와 금식, 자기 훈련, 성경 읽기,

외부의 도움을 받기 등이 그것이다. 이런 단순한 경건의 훈련들이야말로 어떤 특정한 영역에서 사탄의 강한 진이 세워지지 못하도록 하는 나의 전투 전략이었다. 단순해 보이지만 이런 것들이 사탄이 양동이를 내리지 못하도록 그 연못의 뚜껑을 닫아 주었다.

당신은 어떻게 하는가? 모든 쓴뿌리를 부드럽게 해 주는 십자가를 바라보라. 십자가는 정말 최고의 실재이다. 십자가를 통해 예수님은 어둠의 세력을 파하시고, 그 결박으로부터 우리를 구원하셨다. 정욕을 십자가에 못 박고 믿음으로 나아가라.

객관적 사실들을 의지해야 한다는 것을 잊지 말라. 성경이 우리를 인도해야지 상황이 우리를 지배해서는 안 된다. 다음으로 믿음으로 나아가라. 사실에 근거해서 믿고 행동하라. 그 다음에 감정이 따라온다. 그렇기 때문에 감정에 휩쓸려 그 쓴뿌리가 가득한 마음의 연못이 진흙탕으로 뒤덮이게 하지 말고, 우리의 감정을 느낌보다 사실과 믿음에 근거하여 마음을 늘 깨끗하게 해야 된다.

승리를 확고히 다져라

우리에게는 적이 있고, 원수가 있다. 하나님은 우리가 싸워야 할 전투가 있고, 우리가 반드시 대적해야 할 정사와 권세들이 있다는 사실을 알기 원하신다. 그러나 하나님이 우리를 위하신다면 누가 우리를 대적하겠는가? 우리는 이 말을 다음과 같이 바꿀 수 있을 것이다. 하나님이 우리를 위하신다면 우리를 대적하는 자들이 누구인들 문제될 것이 무엇인가! 우리가 싸워야 할 전투가 있다. 그러나 우리는 승리자들이다.

나(마헤쉬, Mahesh)는 브라질의 리오 데 자네이로(Rio de Janeiro) 외곽에서 전도를 하고 있었다. 많은 사람들이 그 지역을 관장하고 있는 정사와 권세들이 있다고 말해 주었다. 그들은 그 때문에 내가 겁을 먹을 것이라고 생각했는지도 모르겠다. 그렇지만 하나님이 나를 보내셨다. 나는 그런 것들에 겁먹지 않겠다고 마음먹었다. 물론 겁먹지 않았다. 그리고 우리는 어린양의 생명책에 이름을 올릴 수 있었고, 또 몇 가지 놀라운 기적을 맛보았다.

한 여인이 있었다. 그녀의 가게에 강도가 들어 총에 맞았었다. 그녀는 척추를 다쳐 5년 동안 휠체어 신세를 졌다. 그녀는 리오에서 차로 9시간 정도 떨어진 곳에 살고 있었는데, 가족들은 비행기를 태워 데리고 왔다. 그녀의 어린 자녀들이 같이 왔었고, 내가 자신들의 어머니를 위해 기도하는 것을 보자 울기 시작했다. 그 아이들은 어머니가 지난 5년 동안 불구로 지낸 것을 봐오지 않았던가?

나는 하나님의 영광을 느끼며 말했다. "하나님이 무엇인가 하시려고 합니다." 나는 그 집회를 끝내고 곧 돌아왔기 때문에 그 결과를 알 수 없었는데, 브라질 목사님들이 이제 그녀가 걷게 되었다는 소식을 전해 왔다. 지금도 가끔은 지팡이를 짚어야 하지만 그녀는 일어나 움직인다. 만약 하나님이 우리를 위하시면 누가 우리를 대적하겠는가? 우리는 어린양의 보혈로 승리하고, 그 간증으로 힘을 얻는다.

골로새서 2장 15절을 보면 "통치자들과 권세들을 무력화하여 드러내어 구경거리로 삼으시고 십자가로 그들을 이기셨느니라"라고 한다. 예수님은 모든 통치자들과 권세들을 이기셨다. 전쟁은 이미 승리했다. 우리는 그 승리를 확고히 다지며 따라가는 것이다. 우리가 어디에 있든지 간에 우리는 하늘나라의 대사로서 우리 주(主)님이신 예수님의 승리를 확고히 다지며 따라가는 것이다. 그 어떤 것도 우리를 하나님의 사랑과 승리에서 끊을 수 없다. 이것이 우리가 사는 영역이다. 승리의 영역, 성령님의 영역에서 우리는 산다.

싸울 준비가 되어 있다면 싸우는 것을 두려워하지 말라. 하나님이 우리를 위하시면 우리를 대적하는 이가 누구이든 무슨 상관이겠는가?

Make Room For Your *Miracle*

제6장

/

기적의 문지방에 서다

상심한 자들을 고치시며 그들의 상처를 싸매시는도다(시 147:3).

Make Room For Your Miracle

수넴 여인이 말하길…

초승달이 뜰 때 드리는 신월제(新月祭) 날, 우리는 갈멜에서 엘리사를 본 후, 그분을 보지 못했습니다. 이제는 욕단보다도 제가 선지자들의 설교를 듣는 것을 더 좋아하게 되어서 언제나 저를 데리고 가거나 혼자 다녀올 수 있도록 시종을 붙여 달라고 졸랐습니다. 그리고 우리는 언제나 예물을 정성스럽게 준비하곤 했습니다.

그날은 다른 날과 다를 것 없이 시작되었습니다. 빵을 굽고, 집안의 여자들이 베틀을 돌리는 소리가 부드럽게 들리며, 종의 아이들은 칭얼대고, 염소들은 '매애' 거리며 실내의 화로와 마당에 피워 놓은 모닥불 주위로는 온기가 퍼지고 있었죠. 모두 정겨운 모습들이었습니다. 그때 우리 집에는 저와 남편을 제외하고, 20여 명의 식솔들이 있었습니다.

우리가 사는 계곡에서 봄은 가장 좋은 계절입니다. 지난 가을에 씨를 뿌려 여름에 거둘 가을밀 밭은 마치 카펫을 깐 것 같았고, 꽃핀 나무들 밑으로 야생화들이 피어 있어 마치 땅에 페인트칠을 한 것 같았습니다. 봄에는 모든 것이 희망과 생명으로 새로워지죠. 그날 오전은 아무 일도 없이 지나갔고, 오후에는 평안함과 고요함이 우리 집 경내에 스며들었습니다.

엘리사와 게하시는 몇 시간 전에 도착해서 아무 말 없이 옥상 방으로 올라갔습니다. 저는 창고에서 저녁에 수프를 끓이려고 향신료들을 준비하고 있었는데, 순간 뒤에서 인기척이 느껴졌습니다.

"저, 사모님!" 하고 게하시가 말을 건넸습니다.

저는 약간 놀란 채 뒤로 돌아서서, 물었습니다. "무슨 일입니까? 게하시?"

"주인님이 좀 뵙자고 하십니다."

그래서 엘리사의 두 종, 곧 게하시와 저는 하나님의 사람을 뵈러 옥상 방으로 올라갔습니다. 저는 선지자에게 존경을 표하고자 그가 묵고 있는 방에서 약간 떨어져, 그늘을 만들려고 세운 구조물 밑에 잠시 멈추었습니다. 게하시는 문지방을 넘어 방 안으로 들어갔고, 저는 기다리며 그 구조물 위로 뻗어 나온 덩굴장미의 시든 잎들을 만지작거리고 있었습니다. 코끝에서 느껴지는 장미 내음이 달콤하게 느껴졌습니다. 엘리사가 시종에서 지시를 내리는 소리가 어렴풋하게 들려왔습니다. 저는 이스르엘 계곡을 쳐다보고 있었습니다.

게하시가 문간에서 나와 저에게 말을 전했습니다.

"사모님은 저희 때문에 수고가 너무 많습니다. 제 주인께서는 당신의 모든 수고를 다 알고 계십니다"라고 말하며 게하시는 엘리사가 있는 쪽으로 고개를 끄덕였습니다. 엘리사가 침대에 앉아 벽에 기대어 있는 것이 보였습니다.

"이 모든 수고에 대한 보답으로 그분이 해 드릴 것이 없을까 제게 물으셨습니다. 혹시 왕이나 그의 군대와 관련되어 부탁할 일이 있으신지요? 청이 있다면 말씀하십시오. 하나님의 선지자가 기쁘게 도와드릴 것입니다."

"오, 감사합니다만 괜찮습니다. 보셔서 아시다시피, 우리는 부족한 것이 없어요. 우리 부족 사람들이 이곳을 공정하게 다스리고 있어서 왕에게 부탁할 일도 별로 없습니다. 우리는 우리 가문 사람들과 함께 지내니까요. 우리를 생각해 주신 것만도 감사드린다고 전해 주십시오." 이 말을 하고 저는 돌아가려고 했습니다. 그때 게하시가 다시 한 번 방으로 들어갔습니다.

제가 막 계단을 내려가기 시작했는데, 뒤에서 저를 다시 한 번 부르는 소리가 들렸습니다. 게하시가 위에서 저를 부를 때 저는 이미 저녁 식사 준비에 대해 생각하고 있었습니다.

"사모님, 잠시만요." 그가 말했습니다.

저는 멈춰 서서 계단 위에서 그냥 뒤를 돌아보았습니다.

"다시 올라와 주실 수 있겠습니까?" 그는 이렇게 말하며 급하게 손짓했습니다.

이번에는 선지자가 직접 말씀하셨습니다.

"수넴 여인이여, 이리로 좀 와 주시겠습니까?"

저는 엘리사가 계신 방 문 앞으로 다가가서 그분을 불렀습니다. "선생님?"

방은 약간 어두웠는데, 그곳에 앉아 있던 엘리사가 말했습니다. "이리 가까이 오십시오."

게하시는 옆으로 물러서며 몸짓으로 입구를 가리켰습니다. 전에는

제6장 기적의 문지방에 서다 • 151

하나님의 사람이 이렇게 친밀하게 느껴진 적이 없었습니다. 엘리사와 함께 있을 때 보통은 욕단이나 제 시종, 혹은 그분의 가르침을 받기 위해 갈멜에 모인 사람들과 같이 있었습니다. 저를 바라보시는 눈이 더욱 강렬해졌습니다. 분위기가 바뀌며, 마치 곧 폭풍이 몰려올 것 같은 느낌이 들었습니다. 그분이 엄숙하게 말씀하셨습니다.

"이 집에는 자녀가 없습니다."

그분의 말씀은 마치 제 존재에 천둥이 치게 만드는 것 같았습니다. 저는 충격을 받아, 제가 동네 계곡 밑으로 던져진 것 같았습니다. 응답되지 않은 기도 때문에 웅어리진 번민의 계곡 밑으로 떨어진 것 같았습니다. 과거에 느꼈던 모든 감정, 곧 수치와 간구와 희망과 질문과 거절감이 한꺼번에 밀려 올라왔습니다. 심지어 분노까지 느껴질 정도였습니다.

저는 말을 더듬었습니다. "저…저…." 왜 말이 안 나오는지 모르겠습니다. 저는 뭐라고 말할지 고민하다가 결국 "제 아이는 없지요"라고 말했습니다. 그러자 그 말이 도리어 제 마음을 쳤습니다.

마음속 안에 있는 깊은 상처는 꼭 밖으로 나와야 한다고 합니다. 그렇지 않으면 안에서 곪아 결국 육체에 영향을 주어 죽을 수도 있기 때문입니다. 그러나 저는 그렇게 치유받는 것은 훨씬 더 많은 시간과 약이 필요할 것이라고 생각했습니다. 그런데 선지자는 어찌 그렇게 대담하면서도, 갑작스럽게 제 마음의 깊은 상처를 건드리시는 걸까요? 선지자는 자신의 말이 다른 사람의 마음에 초래할 비참함에 대해서는 잘 모르시는 것이 분명합니다. 그렇지 않다면 그 말을 함부로 말씀하시지는 않으셨을 텐데 말입니다.

　엘리사는 계속 말씀하셨습니다. "내년 이맘때쯤, 그러니까 양이 새끼를 낳는 봄쯤 될 것입니다." 제 기억에 그분은 잠시 말을 멈추었습니다. 그분의 목소리는 저희 주변의 시간과 공간, 그 어디에도 어울리지 않을 것 같았습니다.

　"당신은 아이를 갖게 될 것입니다." 그분이 드디어 말씀하셨지요.

　제 얼굴이 달아올랐습니다. 제 볼이 빨개졌습니다.

　이게 도대체 무슨 말입니까? 역사의 어두운 시절에 이스라엘의 나침반이신 그분이, 또한 우리 집 귀빈이신 그분이 이런 말씀을 하시다니요? 만약 다른 사람이 이 말을 했다면 저는 제 마음을 아프게 하는 말로부터 제 자신을 보호하고자 방어적인 태도를 취했을 것입니다. 그분이 한 번만 말씀하셨는지 아니면 여러 번 말씀하셨는지는 잘 기억이 나지 않습니다.

　'아들을 낳는다….' '아들을 갖게 된다….' 이런 말들이 계속해서 제 마음 가운데 울려 퍼졌습니다. '아들!' 저의 기업이요, 결혼한 여자라면 누구나 기대할 만한 그 말, 그래서 저도 젊었을 때 마음에 품었던 그 노래, 아들이라니요! 그 말은 제 빈 자궁의 깊은 계곡의 벽에 울려 퍼졌습니다.

　'거짓말쟁이!' 순간, 저는 그렇게 대답하고 싶었습니다. '사기꾼!' 그러나 저는 오랫동안 죽어 있던 사람의 힘없는 목소리로 조용하게 말씀드렸습니다.

　"선생님, 아닙니다." 저는 속삭이듯 작은 목소리로 말했습니다. "저로 하여금 헛된 소망을 품게 하는 말을 하지 마세요." 저는 눈을 밑으로 깔고 저의 있지도 않은 아이를 위해 울었습니다. 저는 한나와 같았습니다. 저는 라헬과도 같았습니다. 저는 출산하지 못한 모든 사람과 같았습니다.

저는 뒷걸음질을 치며 그 방에서 급하게 나왔습니다. 그분을 위해 우리 집 옥상에 지은 그 방에서 말입니다.

그러나 엘리사는 저의 수치를 보는 것이 아니었습니다. 그분의 투명한 눈은 마치 저의 전부를 꿰뚫어 보는 것 같았습니다. 저는 나중에 알게 되었지만 그분은 저를 보며 자기 엄마처럼 대추색의 눈을 가진 아이, 건강한 사내아이를 보았던 것입니다. 통통하고 건장한 검은 곱슬머리의 소년, 피부색은 마치 꿀 색과 같은 완벽한 아들을 말입니다. 엘리사는 그 아이를 선명하게 보실 수 있었던 것입니다.

그러나 저는 계단을 뛰어 내려와 제 침실로 달려갔습니다. 도중에 저를 마주친 시녀가 깜짝 놀랐습니다. 저는 본래 늘 조용하고 차분한 편인데 마치 창을 든 블레셋 군인에게 쫓기듯 그녀 옆을 지나갔습니다. 저는 방에서 제 숨이 평소처럼 침착하게 될 때까지 침대 베개에 머리를 파묻고 있었습니다.

그리고 나서 저는 일어나 얼굴을 씻었습니다. 최소한일지라도 다시 단장을 해야겠다고 생각하여, 헤어밴드 사이로 삐져나온 머리카락들을 정돈하고 눈 화장을 고쳤습니다. 볼에 약간의 분칠을 하고 머리를 상의 앞쪽으로 잘 빗어 내린 후, 허리띠를 똑바로 고쳐 맨 뒤 나왔습니다. 거실을 정리하고 있던 하녀를 뒤로하고 계단을 내려와 1층으로 내려왔습니다. 예전처럼 침착한 여주인으로 돌아왔지요. 저는 부엌으로 가서 마치 아무 일도 없었다는 듯이 손님들을 위한 저녁식사를 준비시켰습니다.

처음에 저는 욕단은 물론이거니와 아무에게도 선지자께서 하신 말씀에 대해 말하지 않았습니다. 그 말을 애써 무시했지요. 그런데 몇 달이 지나자 그 말이 제 마음에 더 이상 거리끼지 않게 되었습니다. 저는 그 말이 제 마음에 들어와 자리 잡을 수 있도록 했습니다. "아들을 품게 될 것입니다!" 그리고 어느 날 밤 제 남편 옆에 누워 잠이 들었는데, 저는 그 말이 실현될 것이라는 것을 알았습니다.

그로부터 얼마 지나지 않은 어느 날 저는 깨어나 머리가 어지럽고 속이 메스꺼워 화장실로 급히 달려갔습니다. 생리를 하지 않고 한 달이 지나갔습니다. 그리고 그 현실은 제가 지금까지 경험했던 그 어떤 현실보다도 행복했습니다. 저는 확실하게 해두고 싶어서 한 달을 더 기다렸다가 욕단에게 이 늙은 나이에 아버지가 될 것이라고 이야기했습니다. 곧 소문이 퍼졌습니다. 가문 사람들 앞에서 그 오랜 세월 불임이라는 멍에를 지고 살아야 했던 가련한 수넴 여인이 드디어 아들을 잉태한 것입니다.

드디어 그날이 왔습니다. 산파들이 저의 해산을 돕게 되었습니다. 땀이 비 오듯 흘렀고 통증이 올 때마다 저는 소리를 지르고 정신이 나갔다 들어왔다 했습니다. 드디어 마지막 힘을 내어 반세기 동안의 기도와 하늘을 바라보았던 인내가 열매를 맺게 되었습니다.

"아들이에요!" 산파가 외쳤습니다.

저는 안도의 숨을 쉬며 웃음과 함께 눈물이 터져 나왔습니다. 드디어 저는 기적을 해산했습니다. 제가 그렇게 기다려 왔던 그 기적 말입니다.

우리 아들의 탄생은 하나의 표징이 되었습니다. 이스라엘의 하나님께는 불가능한 것이 없다는 증거가 되었습니다. 우리의 기적, 곧 하나님이 주신 아들에 대한 이야기는 수넴뿐만 아니라 엘리사의 고향, 그리고 산 위에서 바다가 보이는 갈멜까지 퍼졌습니다. 아기가 태어난 주에 우리는 그해 첫 열매들을 땄고, 욕단은 그해 수확물에 대한 감사 예물을 준비했습니다. 우리는 주님의 다음 말씀을 그대로 이행했습니다. "이스라엘 자손 중에서 사람이나 짐승을 막론하고 태에서 처음 난 모든 것은 다 거룩히 구별하여 내게 돌리라 이는 내 것이니라 하시니라"(출 13:2).

저는 정결례를 행한 뒤 우리 아들이 열조들의 언약 가운데 들어갈 수 있는 준비를 했습니다. 태어난 지 여드레가 되는 날 명령에 따라 할례를 행하여 아브라함의 약속에 참여하게 되었습니다. 욕단은 자부심으로 빛이 났고, 아들을 처음으로 사람들에게 보여 주는 날 그의 이름을 하박국이라고 선포했습니다. 하박국은 '품다, 혹은 포옹하다'(embrace)라는 뜻이지요.

저는 정결케 되는 날수를 채우고 또 나귀를 탈 수 있게 된 후, 욕단을 설득해 하박국을 데리고 갈멜에 가서 아들을 주신 하나님께 그 아들을 드렸습니다. 그 일 이후로 사람들은 모두 저를 알게 되었고 "수넴 여인" 하면 그게 어떤 의미인지 다 알게 되었습니다.

아이가 태어난 첫 달에 하나님의 사람과 그의 시종이 집으로 왔습니다. 엘리사는 우리 아들에게 선물을 하나 주었습니다. 예루살렘의 은세공업자가 아름답게 세공한 상자였습니다. 그 안에는 성전의 서기관이 쓴 쉐마의 말씀, 곧 신명기 6장 4절 말씀이 쓰인 두루마리가 들어 있었습니다.

"이스라엘아 들으라 우리 하나님 여호와는 오직 유일한 여호와이시니"(Shema Yisrael Adonai elohenu Adonai echad).

그러고 나서 선지자는 우리 선조들의 말씀을 암송해 주었습니다. 욕단과 저는 엘리사가 그 말씀을 우리 부부와 가정, 그리고 태어난 아들을 위해 선포해 주실 때 눈을 감고 그 축복을 흠뻑 들이마셨습니다.

이제 우리는 들으며...

우리가 영광의 하나님을 모셔 들일 때 평상시에 하는 일상의 일들을 하다가도 하나님의 임재 가운데 깊이 들어갈 수 있다. 우리는 우리 마음 가운데 마련한 하나님의 방에 하나님이 오셔서 거하기로 하셨다면 우리 일상생활 중에도 순간적으로 그 기적이 일어나는 방에 들어갈 수 있다.

지금까지의 이야기들을 생각해 보자. 하나님의 사람이 수넴 마을을 지나갈 때 그를 강청해 집에 모신 후 음식을 대접하겠다고 하는 어느 한 여인을 만났다. 그녀는 그를 잘 대접하고도 그 대가로 아무것도 원하지 않았다. 그는 정기적으로 그 여인의 집을 방문하게 되었고, 얼마 뒤에 그는 침대에서 쉬고 있다가 양심의 가책을 느끼게 되었다. '나는 이 여인의 집에서 잘 먹고 마시며 잘 쉬고 있는데…. 나도 참! 그녀도 필요한 게 뭔가 있을 텐데.'

그래서 그는 시종을 시켜 그 집의 안주인을 불렀고, 그녀는 와서 문 앞에 서 있었다. 엘리사는 그녀를 한 번 보고 그 당시 선지자들과 그들의 시종들, 그리고 사람들 간에 행해졌던 약간은 이상한 방법으로 대화를 나누었다. 그는 그녀에게 직접 이야기하지 않았다. 그는 시종에게 말했다. "그녀가 뭘 원하는지 물어보거라." 그러자 시종이 여인에게 물었다. "필요한 게 없으신지요?" 그 대답은 "아무것도 없습니다"였다.

"흠…." 엘리사가 말했다. "우리는 그녀에게 무언가를 해 주어야만 하는데…."

그러자 그 시종이 의아하다는 듯이 말했다. "선생님은 분별력이 남다르시고 계시의 영이 넘치시는데도, 그녀에게 자녀가 없다는 사실을 모르셨나요?"

그러자 엘리사가 반문했다. "정말이냐? 지금 네가 말해서 알았지, 그 전에는 전혀 몰랐구나."

곧 그녀의 필요가 하나님 앞에 드러났다. 하나님은 우리의 필요를 아신다. 하나님은 우리에게 말씀하신다. "내가 이제 그 상황을 바꾸려 한다. 그리고 이 일을 이루고자 하는 나의 방법은 네가 문제에 얽매이지 않고 나의 영광에 집중하도록 만드는 것이다."

이 점에 대해 생각해 보라. 이 여인은 자신의 불임 문제로 오랜 시간 울었다. 그것은 큰 수치였으며, 당시 이스라엘에서는 저주로 여겨졌다. 남편에게는 그녀와 이혼할 정당한 권리가 있었고, 그렇게 되면 그녀에게는 미래에 대한 아무런 보장도 없었다. 남편이 그녀보다 먼저 죽게 되면 그들의 모든 재산은 왕에게 귀속되고 그녀는 마을 장로들의 자비만을 바랄 수밖에 없었다. 그녀는 자신의 절망스러운 상황에 대해 이야기할 기회가 있었지만 아무 말도 하지 않았다. "저는 만족합니다. 모든 것이 다 좋습니다." 이 마음은 정말 놀라운 종의 마음이다. 이런 자족하는 마음은 하나님의 영원한 말씀과 연결된 것이

제6장 기적의 문지방에 서다 • 159

다. 선지자는 기적을 선포했다. 그래서 능력과 권위가 하늘로부터 내려온 것이다.

하나님은 이렇게 말씀하셨다. "너는 나를 위한 방을 만들었다. 그래서 내가 그곳을 가득 채웠다. 나는 이제 네 안에 있는 그 빈 곳을 채울 것이다. 내년 이맘때 너는 아들을 갖게 될 것이다." 하나님의 은혜가 정말 놀랍지 않은가!

따라서 그녀의 반응이 이해가 된다. "농담하지 마세요!" 그녀는 자신의 기대를 이미 내려놓았었다. 아이를 갖게 될 것이라는 생각을 아예 버린 것이다. 그녀는 이미 중년의 나이에 접어들었고, 후계자를 낳을 것이라는 생각을 내려놓아서 이제 더 이상의 거리낌과 불편함이 없게 되었다. 그 불임의 상태에서도 수넴 여인은 "모든 게 다 좋습니다"라고 고백했다. 그녀는 그 공허함을 하나님 안에서의 자족함으로 채웠다. 자족함으로 이루는 경건에는 유익이 많다. 그녀 마음의 모든 폭풍우를 잠재웠다. 그래서 그녀는 그 손님들이 정말 편안하게 안식할 수 있는 방을 따로 만들어 줄 수 있었던 것이다.

자족함

지난 몇 십 년 동안 보통 "규정하여 선포하라"(name it and claim it)라고 알려진 '믿음의 선포'(word of faith) 형태의 기도가 '성공으로 이끄는 일곱 가지 단계' 같이 기도의 원리요, 공식으로 발전해 왔다. 오늘날 가장 인기 있는 메시지는 '복음은 지금 여기, 곧 현재 상황에 있는 우리를 위한 것'이라는 멘트다. 이런 메시지는 복음의 종말론적인 소망과 메시지, 곧 우리의 상급은 하늘 창고에 쌓인다는 영원에 굳게 뿌리박은 기독교의 진리를 왜곡하고 있다. 더 큰 문제는 우리가 더 많은 물건들을 갖게 되고, 더 높은 지위에 앉게 되더라도 언제나 우리는 더 많은 것을 구하기 때문에 과연 언제쯤 우리의 목표를 이루게 될지 아무도 알 수 없다는 데 있다.

결국 문제는 자족할 수 있느냐이다. 자족함이 없으면, 언제나 무엇인가를 더 원하게 되어 있다. 물론 현재의 필요가 있다는 것은 분명하고 그런 것들을 놓고 기도하는 것은 잘못된 것이 아니다. 그러나 부족하고 결핍된 것을 갖고 싶어 열광하게 된다면, 우리는 우리가 갖고 있는 것도 잃어버릴 수 있다. 그리고 하나님이 오셔서 거하실 수 있는 그런 마음의 공간을 만들지 못하면, 정반대의 영이 들어올 수 있다. 곧 그 영은 평안과 쉼을 주지 않고, 늘 불만족스럽게 만들며 불안하고 초조하게 만든다.

우리의 문화에는 평안과 쉼이 없다. 이런 상태는 마귀적인 것에 문을 열어 주는 지름길이 된다. 거짓의 영은 만족하지 못하는 사람들에게 말하기 시작한다. 이런 현상을 오늘날 소위 예언적 운동이라고 하는 진영 가운데서 많이 볼 수 있다. 사람들은 이 집회에서 저 집회로, 그리고 이 예언에서 다른 예언으로 빠르고 쉽게 옮겨 다닌다. 그들은 만족하지 못한다. 그들이 살아가기 위해서는 매 주 몇 번의 꿈과 대언을 필요로 한다. 이것은 종교적 영을 먹어야 하는 중독과도 같다. 그것은 종교적이며, 영적이지만 거룩한 성령님의 진정한 기름 부음이 아닐 수 있다. 그분은 강림하시지만 잠시만 계실 뿐이지 곧 떠나신다.

성경은 이런 만족함이 없고 쉼이 없는 사람들을 부서진 성에 비유한다. 그 성벽이 무너져 내리면 마귀가 들어와 진을 친다. 이런 상태에서 우선적으로 해야 할 것은 시간마다 초자연적인 계시들을 받는 것이 아니다. 매일 경건의 시간을 갖고 기도를 하며 성례전에 참석하고 성경을 읽는 기본적인 것들로 인성이라는 벽을 세워야 하는 것이다. 그리고 나서 진정한 예언적 말씀을 받게 된다면, 그것은 삶을 바꾸는 능력이 될 것이다.

우리가 연단을 받을 때, 우리는 우리의 요구를 관철시키며 하나님을 잘못된 방법으로 시험하거나, 그 어려움을 평안한 마음으로 이겨내고 자족함으로써 주님의 방문을 받을 수 있다. 천사들이 와서 예수님을 어떻게 시중들었는지를 기억하라. 예수님은 돌을 빵으로 만드는데 자신의 힘을 사용하지 않으셨다. 그분은 기다리셨고, 십자가에 달려 죽기까지 순종하셨다. 결국 하나님은 그분에게 모든 능력과 권세를 주셨다.

사실 연단과 치유는 함께 온다. 예수님이 "너의 하나님을 시험하지 말라"고 하셨을 때 예수님은 여호와 라파, 곧 "치료하시는 하나님"과 여호와 이레, 곧 "예비하시는 하나님"을 기대했던 것이다. 그래서 마귀가 환경의 불편함으로 예수님을 시험할 때, 예수님은 오직 하나님만을 구했기에 만족할 수 있었다. 예수님이 그 적대자에게 성경 말씀을 인용하여 대답하신 것은 기본적으로 "모든 것이 다 좋다"라고 말씀하신 것이다.

내면의 치유

나(마헤쉬, Mahesh)는 몇 년 전에 아주 이상한 방법으로 치료를 받은 적이 있다. 나는 영국에 있을 때 게실염(diverticulitis, 완두콩 또는 포도알 크기의 주머니가 대장벽에서 돌출되는 것을 말함-역자 주)에 걸려 응급실에 가서 수술을 받은 적이 있었다. 병원에서는 부위를 잘라 환부를 도려낸 다음 꿰매지 않고 소독만 하고 그대로 두었다. 왜 그랬을까? 의사들은 내부로부터 자생적으로 치유되기를 바랐기 때문이었다. 그들의 생각은 정확했다. 아픈 부위는 아주 건강하게, 오히려 이전보다 더 튼튼하게 회복되었다.

이 예는 주님이 고통과 아픔을 통해 우리를 어떻게 고치시는지를 잘 보여 준다. 하나님은 우리가 무너진 마음으로부터 자족의 자리로 나아갈 수 있도록 도우신다. 바로 하나님이 오셔서 거하실 수 있는 그 마음의 상태로 나아갈 수 있도록 도우시는 것이다. 그분은 우리의 내면을 치유하신다.

우리가 우리 마음 가운데 여러 가지 것들을 채워 두고 잠가 버리면 그것들은 그 안에서 곪는다. 곪은 상처에는 겉으로 드러나는 증상이 있다. 강박적인 화와 좋지 않은 성질, 소문, 싸움, 험담, 우울 등으로 내면의 상처가 치유되지 못하고 썩고 있는 것이다. 우리는 그 상처를 받게 된 진짜 감정을 인식하고 그 아픈 마음을 하나님 앞에 가지고 나가 예수님이 고치실 수 있도록 드려야 한다.

치유는 어린양의 보혈로 이루어진다. 치유는 갈보리에서 일어난다.

상처는 그렇게 치유되는 것이다. 예수님이 갈보리에서 십자가에 달려 보혈을 흘리셨다. 누가복음 4장을 보면 주님이 회당에서 성경을 들고 일어나 말씀하신다. "주의 성령이 내게 내리셨다. 주의 성령이 내게 기름을 부으셔서 이 세상을 치유하고 회복시키게 하셨다." 이 세상에서 치유하시고 회복시키실 많은 것들 가운데 하나가 바로 상처받은 마음이 있다. 이러한 내면의 치유는 우리의 생각보다 훨씬 중요할 때가 많다.

시편 109편 22절을 보면 "나는 가난하고 궁핍하여 나의 중심이 상함이니이다"라고 했다. 그리고 시편 34편 18절을 보면 "여호와는 마음이 상한 자를 가까이하시고 충심으로 통회하는 자를 구원하시는도다"라고 했다. 많은 사람들은 전쟁에서 승리하고 살아 돌아온 승전 용사들처럼 다니지만 그러나 상처는 거기 그대로 있다. 특별히 우리 마음 가운데 말이다.

내면의 상처가 있을 때 남들은 물론이거니와 내 자신을 사랑하는 것이 힘들어진다. 심지어 하나님을 사랑하는 것까지 힘들어지기도 한다. 우리는 다른 사람들을 전도하기 원하지만 내면의 상처가 치유되지 않았을 때, 그리스도의 사랑을 효과적으로 전하지 못하며 자기 자신을 무가치하게 느낀다. 우리 자신들이 하나님의 사랑을 느끼지 못하는데, 어떻게 우리가 다른 사람들에게 주님이 그들을 사랑하신다고 말할 수 있겠는가?

하나님은 약속의 실현보다도 우리 인간들과의 관계를 가장 우선시하신다. 이유가 무엇인가? 왜냐하면 여기에서의 삶은 일시적인 것이기 때문이다. 태초에 땅의 흙으로 사람(아담)을 지으시고 코에 생기를 불어넣어 영혼을 가진 생명체가 되게 하신 것처럼, 그분은 지금도 우리를 만들어 가고 계신다. 주님은 우리를 그분과 함께 영원히 다스리고 지배할 자녀들로 만들고 계신다. 우리는 하나님 왕국의 부요함을 영원히 누리며 그리스도와 함께 앉아 지배하고 다스릴 것이다.

하나님은 약속보다 사람의 됨됨이, 성격, 지성, 의지와 감정, 마음과 영혼을 더 중요시 여긴다. 때로 약속은 지체되고, 지체되며, 또 지체될 수 있다. 그러면 당신은 '하나님, 이 약속은 주님이 40년 전에 주신 것입니다'라고 생각할 것이다. 그러면 주님은 "그래 맞다. 그러나 너는 여전히 질투가 많구나. 친구가 새로운 차를 타고 다니는 것을 볼 때면, 자기 자신과 비교하면서 낡은 차를 타고 다니는 현실에 대해 불평하지. 그런 마음은 하나님으로부터 온 마음이 아니다. 그것은 마귀가 준 마음이지"라고 말씀하실 것이다.

그와 마찬가지로 우리도 하나님이 우리에게 주시겠다고 약속하신 것들보다 주님과 하나 되는 것을 최우선으로 여겨야 한다. 우리의 우선순위를 바로 할 때 하나님의 약속도 속히 이루어진다.

상처를 지니고 살기

우리 딸 안나(Anna)가 사회학으로 석사 학위 과정 중에 있을 때, 가족의 배경에 대해 조사하여 리포트를 내야 하는 과목이 있었다. 하루는 안나가 우리에게 전화를 걸어 가족 역사에 대해 물어보았다.

나(마헤쉬, Mahesh)는 평소에 가족 역사에 대해 많이 얘기해 주지 못했었는데, 딸이 숙제를 해야 되기 때문에 여러 이야기를 해 주었다. 그 덕분에 우리 딸은 내가 여덟 명의 형제자매 가운데 일곱 번째라는 것을 알게 되었고, 우리 부모는 인도 사람이지만 케냐에 정착했으며, 내가 거기서 태어났다는 사실을 알게 되었다.

나의 아버지는 우리 집 막내 여동생과 내가 아주 어렸을 때 돌아가셨다. 그 이후로 내가 다섯 살 때 열여덟 살이었던 큰 형이 가족을 부양하기 위해 많이 희생했다. 형은 나이가 들어도 결혼하지 않았다. 그는 우리 어머니와 우리 모두를 돌봐 주었기 때문에 나에게는 아버지와 같았다.

내가 안나에게 우리 형제들에게 어떤 일들이 일어났었는지를 이야기하다가 정말 마음 아팠던 일이 생각났다. 그 큰 형님이 안나와 이야기를 나누기 몇 년 전에 암으로 돌아가셨다. 그는 가족을 부양하는 동안 그 어떤 것도 요구한 적이 없었는데, 그가 임종하기 전에 특별히 나에게 한 가지 부탁을 했다.

그때 보니(Bonnie)와 나는 대만의 목회자들과 일 년여 정도 서로 상의하며 전도 집회를 갖기로 했다. 며칠 뒤면 대만으로 가야 했는데, 그때 형님이 많이 쇠약해졌다는 사실을 알게 되었다. 나는 형님을 보러 가고 싶은 마음과 주님이 집회에 주신 거룩한 부담 사이에서 갈피를 잡지 못하고 있었다. 내가 만약 그 집회를 취소하게 되면, 대만 목사님들의 체면이 서지 않을 상황이었다. 그 집회를 인도하기로 한 하나님의 종이 나타나지 않으면 그들에게는 정말 큰 수치가 될 것이다.

우리는 갈 길을 보여 달라고 주님께 기도했다. 내가 기억하기로는 내가 대만으로 출발하기 전에 형님으로부터 전화가 오면 집회 가는 것을 취소하겠다고 구체적으로 기도했던 것 같다. 그런데 그 다음 며칠간 가족으로부터 아무런 소식이 없었다. 그런데 내가 탄 비행기가 대만에 도착하기 몇 시간 전에 보니(Bonnie)한테 전화가 왔다.

영국에 있던 형님이 더 악화되었다고 한다. 형님이 한 가지 요청을 했는데, 돌아가시기 전에 나를 보고 싶다는 것이었다. 보니(Bonnie)는 내가 대만에 도착하자마자 내게 이 사실을 알렸다. 우리는 전화가 온 시점을 놓고 볼 때 하나님의 응답이라는 것을 알았다.

그것은 내 인생에서 가장 마음 아픈 기억 중 하나다. 그러나 나는 형님과 이 땅에서의 마지막 시간을 함께하며 그에게 감사와 존경을 표하고 싶은 마음을 억눌렀다. 그리고 하나님의 응답에 의한 결정을 내렸다. 왜냐하면 나는 그 집회를 준비했던 대만의 목사님들과 한 달에 한 명에서 두 명 정도나 구원받을까 말까 하는 지역에서 구원받을 수백 명의 영혼들을 만나기로 되어 있었기 때문이다.

나는 집회 시간과 거리 전도를 하는 중에 하나님의 기적이 일어나는 것을 지켜보았다. 그러나 내 형님은 "단지 네가 보고 싶구나"라고 말한 것뿐이었다. 그래서 나는 주님의 일에 헌신하기로 결정했고, 형의 부탁을 들어주지는 못했다.

나는 주님께 순종하겠다고 결심한 반면 나에게 모든 것을 주었던 한 사람을 위해 그 사람이 부탁한 한 가지 일을 안 해 주기로 결정했던 것이다. 나는 형님을 보러 가지 않았다. 그리고 그로 인해 마음이 아팠다. 내가 한 일이 나쁜 일은 아니었다. 그러나 나는 형님을 실망시켰다고 느꼈다. 그는 평생 동안 정말 존경할 만한 삶을 살았는데, 나는 그를 실망시켰다. 나는 그 깊은 상처를 꽤 오랫동안 지니고 살았다.

그로부터 꽤 시간이 지난 어느 날, 나는 플로리다 남부에서 집회를 인도하게 되었다. 그때 나는 사람들을 위해 기도하고 있었는데, 갑자기 예수님이 그 방에 오셔서 내 옆에 서신 것을 느꼈다. 그리고 나에게 "마헤쉬야, 네가 형님을 보러 가지 못했기 때문에 내가 네 대신 갔었단다"라고 말씀하셨다. 그것은 왕의 임재 가운데서 온 말씀이었다. 주님은 짧게 말씀하셨지만, 그 말에 폭발적인 능력이 있기에 나의 마음이 회복되었다.

주님이 나에게 해 주신 말씀은, 곧바로 예수님이 가셔서 내 형님의 손을 잡고 본향으로 인도하셨다는 것이었다. 나는 염려할 필요가 없었다. 그리고 정직하게 말해서 만약 예수님이 나에게 선택할 기회를 주셨다면, 내가 거기에 가는 게 좋았을까? 아니면 예수님이 가시는 게 좋았을까? 나는 예수님이 거기 가시는 것을 택했을 것이다.

그 말씀은 내 영혼과 부서진 마음을 치유해 주었다. 그 말씀은 그동안 내가 지니고 살았던 그 상처를 완전히 치유해 주셨다. 예수님은 그때 형님의 병을 치유해 주지 않으셨다. 그때는 분명 형님이 본향으로 돌아가야 할 때였기 때문이다. 그러나 주님이 말씀해 주지 않으셨다면 치유되지 못한 그 상처를 마음속 깊이 묻어 둔 채 살 뻔했다. 그러나 주님의 말씀은 마치 "매우 잘한 결정이었다"라고 말씀하시는 것처럼 들렸다.

우리가 내려야 할 수많은 결정이 있고, 하나같이 쉬운 것이 없다. 그리고 잘못된 결정을 내리면 우리 영혼에 상처가 남는다. 우리는 이러한 깊은 상처들을 마음 아픈 기억이나 약한 감정, 혹은 깨진 감정의 형태로 지니고 산다. 가끔 사람들을 위해 기도할 때 보면 사람들은 자신들의 아픔과 고통의 뿌리가 무엇인지조차도 기억하지 못할 때가 있다. 상처가 너무 깊어 사람들은 말로 표현할 수 없을 때가 있다.

우리가 그 상처를 처리하는 것에 실패한다면, 곧 우리가 예수님이 방문하셔서 그 상처에 대해 말씀하실 수 있는 여지를 두시 않는다면, 우리는 그 영향을 받게 된다. 곧, 우울증을 앓거나 자신이 무가치하다는 생각이나 열등감에 빠져 허우적거리게 된다. 때로는 이유 없이 두려워지거나 이해할 수 없는 염려에 휩싸이기도 한다. 심지어는 영혼의 상처로 인해 육체적 질병을 앓기도 한다. 예수님이 우리 마음의 상처를 어루만져 주시지 않으면, 우리는 자신의 기억과 감정 속에 오래 머물게 된다.

때로 윗세대들에서 일어난 경건치 못한 행동들이 가문에 영향을 미치기도 한다. 그러한 저주는 끊어져야 한다. 그렇기 때문에 크리스천들은 세례를 받고 성찬에 참여해야 한다. 우리는 성례식 가운데 하나님의 축복이 실제로 임한다는 사실을 믿고 있으며 또한 그것에 감사드린다. 예수 그리스도의 보혈은 당신 가문에 흐르는 상처와 저주를 끊을 수 있는 강력한 능력이 있기 때문이다.

예수님은 내면의 상처를 치유해 주신다. 마음을 만져 주실 뿐만 아니라 그 공허한 마음을 그분의 사랑으로 채워 주신다. 어둠이 물러가면 그 공간을 예수 그리스도의 임재와 사랑으로 채워야 함을 잊지 말아야 한다.

인생의 많은 일들이 생길 때

시편 139편 1절을 보면 "여호와여 주께서 나를 살펴보셨으므로 나를 아시나이다"라고 고백한다. 그리고 요한일서 3장 20절에서는 '하나님은 우리 마음보다 크시고 모든 것을 아신다'고 한다. 예수님이 오셔서 우리의 상처를 치유하신다고 해서 우리의 과거가 변하는 것은 아니다. 과거는 이미 지나갔다. 나의 형님은 내가 그에게 가기 전에 주님과 함께 본향으로 돌아갔다. 그러나 주님은 과거의 일에 대한 우리의 반응을 변화시키기 원하신다. 주님은 그렇게 우리의 아픔을 치유해 주신다.

로마서 8장 28절에 의하면 모든 것이 합력하여 선을 이룬다는 것을 우리는 알고 있다. 그런 의미에서 우리는 우리의 과거를 주님의 손에 내어 드리고, 그 아픈 과거를 오히려 현재와 미래에 선으로 이루어지게 해 달라고 기도해야 한다.

우리 모두 인생 가운데 많은 일들이 일어난다. 우리는 타락한 세상에 살고 있다. 사고가 일어난다. 자연재해도 발생한다. 가끔 우리는 사람들이 일부러 우리에게 상처를 주기 때문에 아프기도 하다. 어떤 때는 사람들이 우리에게 상처를 줘 놓고서는 본인들은 정작 알지 못할 때가 있다. 때로는 우리들의 실수와 잘못된 행동 및 반응 때문에 다른 사람들이 상처를 받기도 한다. 어떤 상처들은 아주 오래된 것이고, 어떤 것들은 최근의 것일 수 있다.

마귀는 공정하게 싸우지 않는다. 우리가 가장 약할 때 우리를 공격한다. 그러나 우리가 하나님의 영광을 모셔 들일 때 자녀들에 대한 걱정, 결혼 생활 혹은 사업에 대한 기도 등을 옆으로 밀어 둘 수 있다. 하나님의 영광은 언제나 우리가 기도하고 있는 제목과 그 범위를 넘어서서 일하신다.

이러한 일이 단지 몇 사람들에게 국한되는 것이 아니다. 하나님은 우리 모든 사람들이 그런 영역 안에 들어오길 원하신다. 사실 이 일에 큰 믿음이 필요한 것은 아니다. 단지 우리와 사랑의 관계를 맺기 원하시는 그분을 모셔 들이기만 하면 된다.

몇 년 전 시카고에서 있었던 일을 나는 잊을 수 없다. 집회 중이었는데, 여섯 명의 남자가 환자 운송용 간이침대를 들고 올라와서 아무 말도 없이 내가 말씀을 전하던 강단 위에 두고 내려갔다.

내가 그 침대 위에 있는 사람을 보았을 때, 정말 뼈만 남아 있어 순간적이었지만 혹시 죽은 사람이 아닌가 착각할 정도였다. 그러나 곧 그 사람은 거의 숨만 붙어 있는 지경이었을지라도 살아 있다는 것을 알게 되었다. 그는 암 말기 환자였는데, 정말 몇 시간 뒤나 혹은 몇 분 뒤일지라도 죽을 수도 있는 임종 직전의 환자였다. 나중에 안 사실이었지만 그 환자가 다니는 교회의 목사님이 장례식까지 준비해 둔 상태였다. 그러나 그의 친구들은 치유의 은사를 받은 복음 전도자가 온다는 소식을 듣고 친구를 데리고 가자고 했다. 아마도 의사들 몰래 데리고 왔을지도 모를 일이었다.

지금 와서 하는 말이지만 그때 나에게는 불편한 마음이 있었다. 나는 그 자리에 앉아 죽어가는 사람을 보면서 영광의 임재로부터 인간적인 생각으로 바로 넘어가 버렸다. '왜 저 사람들은 이 사람을 여기까지 데리고 온 거야? 그는 몇 분 뒤면 죽을 것 같은데, 왜 나한테 미리 말하지 않은 걸까?' 나는 그 순간 그 정도밖에 안 되는 사람이었다. 그 사람은 집회가 끝나기도 전에 죽을 것 같았다. 치유 집회를 인도하면서 곧 죽을 사람을 앞에 두는 일은 참으로 곤란한 일이지 않은가.

나는 다시 말씀을 전하였고, 모임 중에 온 일부 사람들을 향해 치유 사역을 행하였다. 그런데 갑자기 곧 죽을 것 같았던 그 사람 주변에 황금색 구름이 임한 것을 보게 되었다. 나는 황금색 빛과 무지갯빛 색깔이 그의 몸 위를 떠다니는 것을 보았다. 나는 정확하게 무슨 일이 일어나고 있는 것인지 알 수 없었지만, 하나님의 영광이 임했다는 것을 알 수 있었다.

그 다음 해에 시카고의 어느 큰 교회에서 집회를 갖게 되었다. 성령의 임재로 쓰러져 안식에 들어가는 사람들을 뒤에서 받쳐 주는 봉사자들이 있었는데, 그중에 검은 머리에 키가 큰 이탈리아 사람이 있었다. 내가 돌아다니며 안수 기도를 해 줄 때마다 그 사람이 와서 다른 사람들을 섬기고 있다는 것을 알았다. 집회가 거의 끝나갈 때 그 교회 담임 목사가 말했다. "마헤쉬 형제님, 이 사람을 기억하시겠습니까?"

나는 "아니요. 처음 뵙는 분인데요"라고 말했다.

"이분이 토니랍니다. 작년 당신 집회 때 간이침대에 실려 왔던 바로 그 사람입니다. 이 사람이 당신 집회에서 치유받았을 때 저는 장례식 준비를 이미 마쳐 놓고 있었답니다."

하나님이 그의 머리끝에서부터 발끝까지 고쳐 주셨다. 그 일은 나와 상관이 없었다. 내가 처음 토니를 보았을 때 나는 믿음이 생기지 않았었다. 그러나 그와 그의 친구들이 불가능이 없는 주님의 임재 가운데로 들어간 것이다. 예수님의 보혈 덕분에 그들은 하나님의 영광을 맛본 것이다.

우리 주님의 영광이 임하면 모든 것이 변한다. 고린도후서 3장 18절을 보면 "우리가 다 수건을 벗은 얼굴로 거울을 보는 것 같이 주의 영광을 보매 그와 같은 형상으로 변화하여 영광에서 영광에 이르니 곧 주의 영으로 말미암음이니라"라고 했다. 하나님은 그의 영광을 우리 각자에게 나누어 주시고 심어 주셔서, 우리를 변화시키시고 우리를 치유하시며 우리를 구원하시고 우리를 회복시키신다. 열쇠는 그분의 임재이다. 우리가 그분의 임재를 더 인식하고 높일수록, 우리는 그분의 영광을 더욱더 자세하게 보게 되고 그분의 영광을 이 땅 가운데 더욱더 세밀하게 나타내게 된다.

"일어나라 빛을 발하라 이는 네 빛이 이르렀고 여호와의 영광이 네 위에 임하였음이니라"(사 60:1)라고 주님이 말씀하신다. 주님이 당신 위에 영광으로 임하신다. 예수님은 나사렛의 여동생들에게 말씀하셨다. "네가 믿으면 하나님의 영광을 보게 되리라." 그리고 하나님의 영광이 임하자 죽은 지 나흘이나 된 사람이 살아났다. 이것이 바로 하나님의 영광이다.

오늘은 구원의 날이다. 오늘은 회복의 날이고, 온전케 되는 날이며, 치유의 날이다. 예수님은 오셔서 우리의 육체뿐만 아니라 우리의 마음과 영혼을 고치신다. 우리가 영광의 주님을 모시고 기름 부음을 받으면 그분은 우리를 기적의 방으로 부르신다. 그리고 말씀으로 우리의 깊은 상처를 치유하시고 저주를 끊으시며 우리를 변화시켜 주신다. 수넴 여인이 받은 약속은 이루어졌고, 그 과정을 통해 그 내면이 고침 받았다.

제7장

하나님의 약속이
깨진 것 같을 때

❈ ❈ ❈

예수께서 그들에게 항상 기도하고 낙심하지 말아야 할 것을 비유로 말씀하여(눅 18:1).

Make Room For Your Miracle

수넴 여인이 말하길…

저는 5년 동안 은혜에 잠겨 살았습니다. 눈과 손과 발이 제 아비를 그대로 빼닮은 약속의 아이, 기적의 아이를 볼 때마다 저는 마치 생명수를 한 모금씩 마시는 것 같았습니다. 때때로 그 아이를 통해 저의 아버지를 보는 것 같았습니다. 저는 제 자신을 잊고 살았습니다. 제가 돌봐야 할 아이가 있었기 때문이지요.

첫 열매들을 수확할 때가 되었습니다. 저는 하박국이 자기 아버지와 함께 밭으로 나가는 것을 옥상에서 바라보았습니다. 우리의 첫아이를 곁에 두고서 욕단이 우리 밭 중에서 미리 골라 놓은 실과를 따게 되면 추수꾼들이 일을 시작할 것입니다.

그해의 수확은 그 어느 때보다 풍성했습니다. 모든 과일들이 최고의 열매들을 맺었죠. 보리와 밀은 우리가 먹고 시장에 팔아도 남을 만큼 충분했습니다. 그중의 일부는 배에 실어 이집트까지 내려가게 될 것이라 믿어 의심치 않았죠. 그날은 무교절 중 안식일 바로 다음 날로, 마치 공물에 들어갈 곡물들이 빨리 익으라고 그러는 것처럼 태양이 매우 뜨거웠습니다.

저는 서쪽에서 작은 구름들이 오고 있다는 것을 감지했습니다. 그렇지만 사실 추수기에는 비가 잘 오지 않는 게 상례였습니다. 저는 밭으로부터 우리 집까지 이어지는 길을 따라 일꾼들이 손으로 일하고 있는 밭을 보고 있었는데, 한 움직임이 포착되었습니다. 그리고 곧 제 눈앞에서 벌어진 일로 인해 숨이 막혔습니다. 저는 숨을 헐떡거렸습니다.

"하바국!"

계단을 내려와 저는 밖으로 뛰쳐나왔습니다. 세워 두었던 곡물들의 푹 꺼진 머리 부분에 제 무릎이 부딪혔습니다. 제가 하인에게 안겨 있는 아이에게 손을 뻗었을 때 두려움이 저의 온몸을 휩쓸고 지나갔습니다. 하박국의 머리가 불덩이가 되어 있었습니다.

"머리가 아프다고 해서 주인께서 집에 데리고 가라고 하셨습니다." 급하게 하인이 설명해 주었습니다.

저는 "집 안으로 데리고 들어가자"라고 말했습니다.

저는 제 아이를 무릎에 눕혀 놓고, 찬물에 적신 물수건으로 아이의 얼굴과 목을 부드럽게 닦아 주었습니다. 아이의 검은 곱슬머리는 아이가 흘린 땀과 내가 닦아 준 물로 인해 마치 덩굴식물처럼 내 손가락 주변에 감겨 왔습니다.

몇 분 뒤에 하박국은 눈을 떴지만 심하게 눈꺼풀이 떨리고 있었습니다. 아이는 약하게 제 손을 잡고 많이 아픈지 눈을 꼭 감았습니다. 얼굴이 일그러졌지요. 아이의 상체가 헐떡거리는 바람에 제 몸까지 진동했습니다. 저는 몇 마디 말로 계속 그를 안심시키려 했지만 그렇게 위급한 순간에 누가 위로의 말들을 기억하겠습니까? 아이는 듣지 못하는 것이 분명했습니다.

저는 계속해서 찬물로 씻겨 주었습니다. 그 열기 가운데 메뚜기들이 벽 뒤에서 울고 있었습니다. 그 떨리는 소리는 마치 레위 제사장들이 대오를 이루어 작은 나팔을 불고 있는 것처럼 들렸습니다. 저는 슬프게 들리는 메뚜기의 윙윙대는 소리를 없애려고 일부러 소리를 높여 자장가를 불러 주었습니다.

저는 정오까지 하바국을 제 무릎에 눕힌 채 그렇게 있었습니다. 하박국은 점점 기력을 잃어 갔습니다. 그의 숨소리도 매우 잦아들었습니다. 하인들이 하나 둘씩 무슨 일인가 싶어 눈을 크게 뜨고 우리를 바라볼 때마다 제 신경도 곤두섰습니다.

시녀 한 명이 제게 와서 욕단이 밭에 있는 일꾼들을 위해 먹을 것과 마실 것을 가져오라고 했다는 사실을 전했습니다. 구름이 점점 더 어두워졌습니다. 그는 비가 올 때까지 최대한 계속 일할 작정인 것 같았습니다. 곡물들이 비에 젖으면 쉽게 곰팡이가 피게 되기 때문입니다. 제 남편은 마을 사람들을 더 오라고 해서 추수를 거두고 단을 묶도록 했습니다. 아마 비만 안 온다면 밤에도 불을 피워 놓고 일해 거둔 곡식들을 창고까지 옮길 것입니다.

저는 그때의 위급한 상황과 저의 두려움에 대해 말하지 않았습니다. 혹시 아이가 깨어날지도 모른다는 소망도 약해졌습니다. 저는 두 손가락을 그의 뜨거운 목에 대어 보았는데, 맥박이 희미해졌습니다. 제 눈에 두려움의 눈물이 가득 고였지만 억지로 참고, 추수 밭에 있는 사람들을 위해 음식을 준비하라고 지시했습니다. 그러자 시종들이 항아리를 열고 기름을 부으며 올리브와 말린 과일들의 양을 달아 보았습니다. 막 신선하게 만든 빵들을 깨끗한 천에 쌌습니다. 저의 짧은 지시에도 제 시녀들은 솜씨 좋게 준비한 음식과 음료수를 밭에 배달해 주었습니다.

일 년 중 대추수기가 되면 가장 무서운 일들이 일어나곤 합니다. 호사다마라고 할까요? 그동안 일어난 모든 좋은 일들과 소망이 이루어진 일들을 시샘하는 것이죠. 제가 할 수 있는 게 아무것도 없었습니다. 저는 몇 년간 신실하게 지켜보았던 그 따뜻하고 단란했던 가정을 지킬 수 없었습니다. 제 아들을 구하기에는 제 손이 너무 짧았습니다. 저는 아들의 쳐진 몸을 안고 그의 머리에 물을 부어 주었습니다. 이것 말고는 제 사랑을 확인시켜 줄 수 있는 것이 아무것도 없었습니다. 제가 조용히 중얼중얼하며 아이에게 속삭이는 사이에 하박국의 손이 제 무릎에서 밑으로 떨어져 버렸습니다.

저는 아이를 옮기는 것이 정말 두려웠지만, 이번에는 똑바로 앉아 두 손을 아이의 어깨 위에 올렸습니다. 아이의 머리가 한쪽으로 축 늘어졌습니다. 그런데도 그 상황을 받아들이기가 힘들어서 저는 마치 아이를 깨울 수 있을 것처럼 흔들어 댔습니다. "아들아! 내 소리가 들리니? 아들아!"

저는 눈을 감고 온 힘을 다해 기도했습니다. 곧 다시 숨을 쉬면서 살아날 수 있게 해 달라고 간절히 기도했습니다. 저는 확신을 갖지 못한 채 눈을 떴습니다. 순간 제 세상이 멈춰 버린 것 같았습니다. 이 모든 것이 이렇게 끝나 버리는 것일까요? 하나님의 약속이 이루어진 것이 아니었던가요? 저의 환희와 기쁨의 나머지 반은 이렇게 무서운 것이었을까요? 이게 끝일까요?

제 마음에 무엇인가가 올라와 그냥 앉아 있을 수만은 없었습니다. "이럴 수는 없어! 이래선 안 돼!" 저는 몇 시간 동안 아이를 안고 흔들었던 곳에서, 아이를 안고 일어났습니다. 아이를 단단히 붙잡았는데, 아이의 몸무게가 전혀 안 나가는 것처럼 느껴졌습니다. 저는 아이가 숨을 쉬지 않는다는 사실을 받아들일 수 없었습니다.

저는 아이를 안고 옥상 위로 올라갔습니다. 한 계단 한 계단 올라갈 때마다 저의 의지는 더 강해졌습니다. 저는 하나님의 사람을 위해 저희가 만든 방으로 올라가도록 이 계단을 만들었습니다. 그분은 이 계단을 빈번하게 이용하게 되었고, 우리 집에 머물 때마다 우리 집에는 평안이 넘쳤었습니다. 이 계단의 끝에는 바로 그 선지자의 방이 있었습니다. 그 방 입구에서 저는 약속의 말씀을 받았습니다. 아이를 품을 것이라는 그 약속 때문에 아이의 이름도 '품다'(embrace)라는 뜻의 하박국으로 지었던 것입니다.

저는 모든 사람들이 다 밭에 나가 있는 현실이 한편으로는 감사했습니다. 추수한다는 것 때문에 하인들과 욕단의 관심을 다른 데로 돌릴 수 있었던 것입니다. 다른 사람들이 알았다면 제가 하려는 행동을 말렸을 것입니다. 그들은 너무 슬퍼서 그런다고 할 것이 뻔하죠. 하인들은 욕단을 수수밭에서 불러와 저를 침대에 누워 쉬게 했을 겁니다. 그러고는 아들을 데리고 갔겠지요. 하박국을 데리고 가서 무덤에 묻었겠지요.

저는 그 어떤 일도 일어나지 않게 할 것입니다. 저는 계단을 올라가면서 계획을 세웠습니다. 저는 식구들 누구에게도 이야기하지 않을 작정이었습니다. 그렇게 되면 하박국이 죽었다는 사실에 동의하는 것이고, 아들을 데리고 가도록 허락하는 것으로 보였기 때문입니다. 저는 그 죽음을 몰아내고 싶었습니다. 하박국이라는 이름을 처음 쓴 그 하나님의 사람도 그럴 것이라고 여겼습니다.

저는 엘리사의 방으로 들어갔습니다. 방은 그가 떠났을 때 그대로의 모습이었습니다. 그 방의 평안한 분위기는 마치 하바국이 움직이고 있지 않다는 사실을 모르는 것처럼 저를 맞아 주었습니다. 저는 그 약속의 문지방을 넘어 그분이 약속의 말씀을 전해 줄 때 벽에 기대어 앉아 계셨던 침대로 곧장 갔습니다. 저는 그 침대 위에 우리 하박국을 눕혔습니다. 이 침대에서 그 선지자께서 하나님의 약속의 말씀을 전해 주었습니다. 여기서 그 생명의 말씀이 애를 못 낳던 제 자궁으로 뛰어 들어왔었습니다. 하나님의 말씀 때문에 그 아이는 우리 가정에서 태어났었습니다. 이 세상의 모든 왕국들이 실패할 때도 하나님의 말씀은 이루어집니다.

저는 자고 있는 우리 아들의 모습을 바라보았습니다. "쉬어라, 내 사랑하는 아들아!" 저는 차분하고 조용한 목소리로 말했습니다. "엄마가 곧 다시 올게."

저는 방을 나와서 문을 닫았습니다. 제가 그 방을 잠글 때 제 손이 떨렸습니다. 저는 눈물을 머금고 피가 나올 정도로 제 입술을 꽉 깨물었습니다. 열쇠를 주머니에 넣었는데, 그 작은 쇠의 무게가 모든 세상의 무게만큼이나 무겁게 느껴졌습니다. 그러나 저는 마음을 다잡고 재빨리 계획을 세웠습니다. 저는 아브라함이 그랬던 것처럼 여호와의 산으로 갈 것입니다. 저는 우리에게 자녀를 주신 여호와 하나님을 뵐 것입니다. 제 짐꾼(이삭을 뜻하므로, 자신의 아들을 의미함-역자 주)이 있는 그곳에 저를 위해 양 한 마리가 제 기도의 숲에 걸려 있을 것을 믿습니다. 제가 돌아올 때는 제 아들을 살려 다시 데리고 올 것입니다.

저는 조용히 그러나 빨리 두 층의 계단을 내려왔습니다. 1층에 내려왔을 때 우리 집 시종이 우리 집 안뜰에 앉아 있는 것이 보였습니다.

"이작(Izzak)아!" 그 아이를 부르자 아이가 돌아보았습니다.

"예, 마님?"

"지금 당장 바깥주인께 가서 내가 하인 한 명과 나귀 한 마리가 필요하다고 전하거라. 어서, 빨리!" 저는 아이를 재촉하여 보냈습니다.

"지금 바로 가거라!"

이작(Izzak)은 정문으로 달려가 담벼락 너머로 사라졌습니다.

하늘이 흉흉했습니다. 바람은 안마당의 마른 잎들을 쓸고 다니며 우리 집 문가에서 스산한 소리를 냈습니다.

마치 영원히 기다려야 되는 것처럼 느껴졌습니다. 저는 1층을 걸어 다니며 기도했습니다. 제가 집을 올라갔다 내려왔다 하고, 앞으로 갔다 뒤로 갔다 할 때, 믿음의 조상인 아브라함이 경험했던 장면이 제 주위를 맴돌았습니다. 그 장면이 저를 위로해 주고 두려움으로부터 보호해 주었습니다.

저는 초조하여 마당에서 안장을 들고 기다리고 있었습니다. 그때 제 남편이 보낸 하인이 나귀를 몰고 왔습니다. 그 하인은 매우 놀랐을 겁니다. 이렇게 큰 집의 여주인이 마치 마구간의 시종처럼 나귀 안장을 들고 서 있었으니까요.

"저 왔습니다. 마님!" 그는 뭔가 물어볼 것이 있는 표정이었습니다. "용서하십시오. 마님. 주인께서는 밭에 급한 일이 있어 못 오셨습니다." 이렇게 말하며 그 하인은 몸을 돌려 추수하고 있는 밭을 가리켰습니다. "저, 추수가 한창이라…."

저는 무엇을 물어볼 겨를이 없었습니다. 저는 안장을 그에게 던지듯 건넸습니다. 그리고 "안장을 올리어라"라고 소리친 후, 시동을 불렀습니다. "이작!"

그는 비틀거리며 말을 더듬었습니다. "어, 어, 예! 마…님?"

저는 순간적으로 정신을 차리고 소년의 어깨를 부드럽게 쥔 후 다시 한 번 말했습니다. "너는 주인께 다시 가서 내가 이렇게 말했다고 전하거라. '특별한 문제가 없습니다. 모든 것이 다 괜찮습니다.'"

"예, 알겠습니다. 마님!" 시동은 서둘러 돌아갔습니다.

곧이어 욕단이 정문을 성큼성큼 지나 왔고, 그 시동은 뒤에서 헐떡거리며 따라왔습니다.

"무슨 일이요, 부인?" 욕단이 마당을 지나오면서 외쳤습니다. 그는 추수 밭의 먼지를 뒤집어썼고, 걷어 올린 소매는 땀으로 젖어 있었습니다.

"저는 지금 바로 하나님의 사람에게 가려고 해요." 저는 이렇게 말하며 안장을 올리고 있는 하인 쪽을 바라보았습니다.

"아니, 세상에! 왜 오늘 가려고 하오?"

"괜찮아요, 욕단! 별거 아니에요." 저는 재빠르게 나귀 위로 올라가 하인 뒤에 앉았습니다. "다녀올게요." 인사를 한 후 저는 나귀의 옆구리를 발로 차서 출발시켰습니다. 그 하인은 나귀를 조심스럽게 몰았습니다.

욕단은 제가 마당을 빠져나가는 것을 어안이 벙벙한 표정으로 쳐다보았습니다. 저는 그에게 눈길을 주지 않으려고, 일부러 쳐다보지도 않았습니다. 제 마음 가운데 드는 생각이라곤 아브라함이 산에 올라가면서 그 종에게 한 말뿐이었습니다. "내가 이 아이와 저리로 가서, 예배를 드리고 너희에게로 함께 돌아올 것이다."

저는 옷 주머니 안에 있는 열쇠를 만져 보았습니다. 우리가 마을길로 나왔을 때 어두운 하늘로부터 불어오는 바람이 먼지를 날려 눈을 감을 수밖에 없었습니다. 가는 길에 보니 밭에서는 타작이 벌써 시작되어 추수꾼들이 도리깨질을 하고 있었습니다. 그 모습은 마치 황새가 상하좌우로 획획 움직이는 것 같았습니다. 하인이 나귀를 꽤 빠른 속도로 몰아 갈멜로 가고 있어서 저는 하인의 등 뒤에 바짝 붙어 있었습니다. 저는 갈멜에서 하나님의 사람을 만날 것이라고 확신했습니다.

이제 우리는 들으며…

가끔은 이해할 수 없는 일이 일어난다. 하나님의 영광 가운데 약속되었고 영광 가운데 이루어진 것들이 시험받을 때가 있다. 그래서 하나님이 우리에게 주신 것들이 죽거나 죽어갈 수 있다. 그럴 때 우리는 "왜? 도대체 무슨 일이 생긴 거야?"라고 말할 수 있다. 우리가 2장에서 살펴본 바와 같이, 우리가 무엇인가를 상실해 시험에 빠졌을 때 대부분의 사람들이 '분명 내 잘못 때문에 그런 일이 생긴 거야'라고 자책한다. 우리 마음 가운데 갖고 있는 꿈에 문제가 생겼을 때 혹은 약속이 우리 삶에 실제로 이루어진 다음에 그 선물을 잃어버렸을 때 우리는 '내가 무슨 잘못을 했지? 그 문제를 찾아서 고쳐야 돼'라고 생각한다.

하나님께 받은 것이 공격당할 때 당신은 하나님의 뜻으로부터 멀어진 것이 아니다. 당신이 뒤로 물러나게 된 것은 하나님이 '기적 이상의 기적'을 경험할 수 있는 기회를 허락하신 것이다. 다시 말하면 무엇인가 죽어간다고 해서 포기할 때가 아니라는 것이다. 바로 전투가 시작된 것이기 때문이다.

기름 부음 받은 말씀으로 주어진 이 여인의 아이가 공격당했다. 추측건대 사탄의 짓이 틀림없다. 그 아이는 "엄마, 머리 아파. 머리 아파"라고 외쳤다. 그리고 아이가 죽었다. 그렇다면 모든 것이 끝났는가? 그렇지 않다. 그것은 시작이었다. 하나님은 그의 칼을 빼들고 그녀를 대신하여 막 싸우려고 하신 것이다. 우리는 불임인 여자가 아이를 갖게 된 것이 놀라운 기적이라고 생각하지만, 하나님은 더 큰 기적을 행하시려 한다. 그녀는 단지 하나의 기적을 체험한 것이 아니라 정말 불가능한 기적을 맛볼 수 있게 된 것이다. 그리고 당신도 그럴 수 있다.

하나님이 머무실 곳을 만들었는가? 영광이 한 번 임한 곳에 그 영광이 다시 나타난다. 수넴 여인의 이야기는 바로 이 사실을 가르쳐 주는 상징적인 사건이다. 원수, 궁극적인 원수인 죽음이 와서 그녀의 문을 두드렸다. 그러나 그녀는 당황하지 않았다. 하나님이 그녀에게 선물을 주셨다. 기적이었다. 그렇기에 이제 그 여인은 그것을 빼앗기지 않으려고 했다. 그녀는 이 문제를 정말 멋지게 대응했다. 그녀는 하나님의 능력을 맛보았다. 그렇기 때문에 그녀는 기적이 다시 일어나 하나님 자신을 드러내시고 하나님이 그녀에게 주신 선물을 보호해 주실 것이라는 기대를 했다.

그녀의 믿음, 그녀의 모본, 그녀의 이야기는 지금 여기 여러 상황 가운데 처해 있는 우리에게 많은 영감을 준다. 무언가 당신을 힘들게 하는 문제, 곧 재정적인 문제이거나, 병의 문제이거나 혹은 죽음 앞에 있는 문제라 할지라도 믿는 자들은 낙심해서는 안 된다. 우리는 그 문제들을 영광에서 또 다른 영광에 이르는 기회, 혹은 믿음을 넘어선 믿음을 경험할 수 있는 기회로 삼아야 한다.

여기 하나님의 약속들이 깨진 것처럼 보일 때 믿음 위에 믿음, 은혜 위에 은혜, 그리고 기적 위에 기적의 세계로 들어갈 수 있는 몇 가지 방법이 있다.

계속해서 하나님만 바라보라

가끔 사람들은 시험과 연단을 받을 때 포기한다. 전투를 하다가 어느 지점에 이르면 사람들은 "그래, 하나님이 이걸 나에게 주시지 않으시려나 보다"라고 포기하며 그냥 그 싸움을 멈춰 버린다. 그것이 사역일 수도 있고 사업일 수도 있다. 그것이 관계의 문제일 수도 있고, 치유의 문제일 수도 있다.

우리는 믿음의 연단을 당연한 것으로 여겨야 한다. 그 연단이 너무 힘든 것일 수도 있지만 성경은 하나님이 축복하실 때 거기에는 슬픔이 없다고 하셨다. 그분이 손을 대시는 것들에는 그분의 생명이 부어진다. 생명은 죽음을 이긴다. 믿는 자들에게 있어서 구원의 절정은 죽은 자들의 부활임을 잊지 말라.

수넴 여인은 이 점을 잘 알고 있었다. 그녀는 이 놀라운 기적의 축복 속에서 멋진 5년을 보냈다. 그런데 어느 날 갑자기 그녀의 아들이 자신의 무릎 위에서 죽었다. 아이는 아침까지 멀쩡했다. 자기의 아버지를 따라 씩씩하게 밭으로 나갔다. 그런데 갑자기 심한 두통을 느끼며, 정오쯤 죽었다. 이 상황에서 수넴 여인이 어떻게 대응했는지를 주목할 필요가 있다. 그녀는 하나님이 자신에게 주신 아이를 선지자를 위해 자신이 만든 방에 두고, 거기서 하나님이 아이를 다시 일으켜 세우실 것을 기대했다. 그녀는 문을 닫고 나왔다. 그녀는 주님의 산으로 갔다.

우리 부부는 말라리아 전문가가 의학 잡지에 쓴 흥미로운 기사를 읽은 적이 있다. 그는 수넴 여인의 아들의 경우 대뇌 말라리아(cerebral malaria)에 걸렸던 것 같다고 발표했다. 이 병에 걸리면 갑작스럽게 매우 빨리 죽게 된다고 한다.

나(마헤쉬, Mahesh)는 콩고(Congo)에서 사역한 적이 있었는데, 실수로 말라리아 약을 가져가지 않았을 때 대뇌 말라리아에 걸린 경험이 있다. 그때 느낀 두통이 얼마나 끔찍했는지 모른다. 다시는 그런 두통으로 고생하고 싶지 않다. 정말 그 두통은 머릿속 깊은 곳에서 시작되어 차라리 죽고 싶을 정도로 아팠다. 게다가 그 고통이 멈추지 않고, 몇 시간째 계속되는 점이 더욱 힘들었다. 우리는 미국에 있는 본부에도 이 사실을 알렸다. 많은 사람들이 나를 위해 기도해 주어서 감사하게도 하룻밤 만에 낫긴 했다. 그래서 나는 수넴 여인의 아들이 어떤 고통을 겪었을지 어느 정도 짐작이 간다.

원수들과의 전투에 있어서 자주 오용되고 있는 말씀이 있다. 킹 제임스 버전(흠정역) 성경과 그 후대에 번역된 성경들에서 구두점이 서로 다르게 표시된 이사야 59장 19절의 말씀이다. 한국 성경의 경우 표준새번역 성경이 오히려 킹 제임스 버전(흠정역)의 구두점을 따르고 있고, 개역성경과 개역개정판은 필자가 예로 제시한 NIV와 NASB의 구두점을 따르고 있다.

"해 지는 곳에서 주의 이름을 두려워하며, 해 뜨는 곳에서 주의 영광을 두려워할 것이다. 원수가 강물처럼 몰려오겠으나, 주의 영이 그들을 물리치실 것이다"(표준새번역).

"서쪽에서 여호와의 이름을 두려워하겠고 해 돋는 쪽에서 그의 영광을 두려워할 것은 여호와께서 그 기운에 몰려 급히 흐르는 강물같이 오실 것임이로다"(개역개정).

(여기서 필자가 비교하고자 했던 것은 후반절로, 킹 제임스 버전에 가깝게 번역을 한 표준새번역 성경은 "원수가 강물처럼 몰려오겠으나"라고 했으나, NIV나 NASB의 구두점에 가까운 번역을 한 개역개정 성경은 "여호와께서 그 기운에 몰려 급히 흐르는 강물같이 오실 것임이로다"라고 했음-역자 주).

하나님은 마치 과일이 나무 위에서 익어가는 것처럼 악을 자라게 두실 때가 있다. 그 과정에서 의로운 자의 환경이 더 힘들어져 낙담할 때가 있다. 그러나 이스라엘 자녀들이 이집트의 노예 생활에서 구원받기 위해 400년이나 기다렸던 것처럼, 하나님께 실망하지 않고 계속해서 하나님의 임재와 빛이 어둠을 물리칠 때를 구하는 자들은 영광을 맛볼 것이다.

사도 요한이 자신의 복음서에서 예수님에 대해 "빛이 어둠에 비치되 어둠이 깨닫지 못하더라"고 했다(요 1:5). 모든 희망이 사라지고 회복될 기미가 보이지 않을 때 하나님의 영광이 나타난다. 이 말씀은 우리가 반드시 알아야 할 사실을 한마디로 표현하고 있다. 마지막 날에 하나님이 자신의 말씀과 자신의 백성들과 자신의 선교를 방어하실 것이다. 그리고 때가 되면, 그분은 다시 오셔서 그분의 언약 백성들을 구속하시고 그들을 위해 길을 내기 위하여 원수들을 쫓아내실 것이다.

모세는 홍해가 갈라지는 것을 보았고, 마찬가지로 다윗은 바알브라심에서 그분을 경험했다(다윗은 바알브라심에서 블레셋 사람들을 쳐 이기고 "홍수가 모든 것을 휩쓸어 버리듯이, 주님이 나의 원수들을 내 앞에서 그렇게 휩쓸어 버리셨다"고 고백했다. 사무엘하 5장 20절 참고-역자 주). 그분은 홍수처럼 우리의 모든 원수를 휩쓸어 버리실 하나님이시다.

기적이 일어날 분위기를 만들라

수넴 여인은 '모든 것이 괜찮다'고 믿었다. 이러한 그녀의 평안은 감정에 따른 것이 아니라 영원히 불변하시는 하나님께 근거한 것이다. 이러한 믿음 때문에 기적이 일어날 수 있었던 것이다.

다시 말하면, 그녀는 자신의 평안을 지켰다. 그녀는 하나님을 원망하고 싶은 유혹을 피했다. 그 세월 동안 그녀는 자족하며 자신의 입과 혀를 지킬 줄 알았다. 사도 야고보가 경계한 것처럼 혀는 배의 키와 같아서 어떻게 조정하느냐에 따라 삶의 향방이 결정되는 것이다. 사람들은 가끔 말을 너무 많이 하고 불평하며 자기 연민에 사로잡혀 부활의 영광을 맛볼 수 있는 기회를 잃어버린다. 무엇보다도 마음을 지켜야 한다.

당신이 긍정적일 수 없다면, 부정적인 입장을 취하기보다 차라리 중립적인 게 낫다. 어떻게 말해야 할지 모를 때는 아무것도 말하지 말라. 우리는 선을 행하지 못할지라도 최소한 악을 행하지 않도록 우리 자신을 스스로 훈련해야 한다. 상황과 형편을 탓하지 말라. 상황에 우리의 마음을 빼앗기게 되면 우리는 두려움이나 정서적 공황, 혹은 영혼에 영향을 미치는 다른 나쁜 감정에 휩싸이게 된다.

그렇게 되면 우리는 육(肉)의 힘을 의지하게 되어 기적을 놓치게 된다. 수넴 여인이 평안을 잃어버리고 부정적인 감정에 휩싸여 정서적인 공황 상태에 빠졌다면, 당시 이스라엘 문화를 따르게 되었을 것이다. 그러면 이 시나리오는 완전히 다른 방향으로 전개되었을 것이다. 조문객들이 왔을 것이고 가족들이나 이웃들 모두 "아이는 이제 죽었다. 아이를 묻어야 해"라는 부정적인 믿음을 확인시켜 주었을 것이다. 그러나 그녀는 자신이 그 상황을 통제했다. 그녀는 어려울 때 다른 사람들의 생각에 동조하지 않았다. 그녀는 아이를 선지자의 방에 뉘이고 문을 잠갔다. 하나님의 영광이 나타났던 그곳에서 그 영광이 또다시 역사하시리라고 굳게 믿었던 것이다.

이와 같은 시험과 연단의 때에 우리 마음 가운데는 만감이 교차한다. 그러나 그 만감은 결국 두 가지 선택으로 좁혀지게 된다. 곧, 우리는 상황이 흘러가는 대로 살거나 아니면 믿음과 하나님의 임재의 거룩한 기름 부음 가운데 살면서 두 가지 가운데 하나를 선택하며 사는 것이다. 기적은 기름 부음의 영역, 곧 보이지 않는 영역에서 일어난다. 믿음이 실체가 되고, 증거가 되는 영역에서 이루어진다. 하나님의 영이 그녀의 집에 임했고, 그녀의 몸 안에서 일을 행하셨다. 그녀는 섬김과 예배를 통해 기름이 부어질 마음의 방을 만들었고, 하나님의 선지자로부터 약속을 받았다. 그리고 그 약속을 품었다. 이러한 기름 부음 때문에 그녀는 부활의 영광을 구할 수 있었다.

나귀에서 내리지 말라

수넴 여인은 나귀를 몰고 온 하인에게 "가자! 내가 말할 때까지 속도를 줄이지 말라"고 지시했다.

당신은 어떤가? 하나님이 당신이 사랑하는 사람이 낫게 될 것이라는 확신을 주셨는가? 그분이 새로운 사업으로 인도하셨는가? 당신의 역기능적인 가정이 회복될 것이라는 첫 징조를 보여 주셨는가? 그렇다면 울퉁불퉁한 길 때문에 요동하지 말라. 때로 우회해서 돌아가야 된다는 것 때문에 낙심하지 말라. 산을 올라갈 때 속도가 좀 뒤쳐진다고 해서 염려하지 말라. 그 나귀를 그대로 타고 있으라. 당신이 목표를 잃지 않는다면 환경 때문에 뒤돌아서는 일은 없을 것이다.

우리는 무엇이든지 빨리 얻으려는 시대에 살고 있다. 전자레인지로 요리를 하며, 제트기를 탄다. 한 시간짜리 텔레비전 프로그램이라면 한 군데도 느슨한 곳이 있어서는 안 된다. 계속해서 길을 가려면 성숙함이 필요하다. 그리고 어쩌면 강철 같은 뱃심과 허리가 필요할 것이다. 나귀 위에 앉아 약 26km나 되는 울퉁불퉁한 길을 빠르게 몰아가는 수넴 여인을 생각해 보라. 멈춰서는 안 된다. 계속해서 달리라. 모든 산 가운데서 으뜸가는 산이 될 주님의 성전이 서 있는 산으로 가라 (사 2:2 참고). 그러면 우리는 예루살렘을 향해 얼굴을 드시는 예수님을 보게 될 것이다. 우리의 마음은 그분이 갈보리 산 위에서 우리를 위해 이루신 그 결연한 힘과 승리에 이끌리게 될 것이다. 우리는 그분을 본받아 기적의 산으로 출발하여, 결국 그 산 위에 오르게 될 것이다.

이러한 의미에서 믿음의 행위는 아무리 작을지라도 하나님의 기적을 부른다는 사실을 기억하라. 당신이 어디 있든지 간에 수넴 여인과 같이 나귀를 타고 가는 자신을 그려 보라. 그리고 이렇게 말해 보라. "나는 나의 나귀를 타고 기적을 맛보러 갈 거야."

그리고 한 하인이 수넴 여인과 같이 갔던 것처럼 누군가 당신과 함께 그 여정을 기꺼이 동행해 준다면 도움이 될 것이다. 누군가 당신에게 동의해 준다면 힘이 날 것이다. 다시 말해 기도의 동역자가 필요하다. 누군가가 당신과 마음을 같이하여 주고, 함께 믿어 주며, 당신의 비전을 이해하고 당신과 같은 영성을 가진 사람 말이다. 교회의 장로들이나 목회자가 지혜로운 상담을 해 줄 수도 있다. 수넴 여인의 경우, 그 하인이 나귀를 모는 방법을 알고 있었으므로, 그녀가 여호와의 산으로 올라가는 데 도움을 줄 수 있었다.

이것이 여정임을 알라

만약 당신이 이 여행에 많은 시간을 들이고 있다면 거룩한 기름을 부어 주시는 영광의 하나님을 위한 마음의 장소를 만들어 하나님과의 관계를 최우선으로 두어야 한다는 사실과 그 방법을 배우고 있는 것이다. 또한 하나님이 당신의 삶 가운데 구원을 계속해서 이루어 가시고 있다는 사실을 알 수 있을 것이다.

우리는 우리 자신을 내려놓을 때 비로소 이 여행에 적합한 튼튼한 다리를 갖게 되곤 한다. 요나를 기억하는가?

우리는 '니느웨 사람들이 왜 요나의 말을 들었을까?' 하는 문제에 대한 나름대로의 생각을 갖고 있다. 그러나 선지자 요나가 큰 물고기 배속에 3일씩이나 있었던 것을 생각해 볼 때 하나님의 사람의 영향력이 커서 니느웨 사람들이 순종했던 것 같지는 않다.

요나는 하나님이 자신을 보낸 사람들에게 자비와 은혜의 사역을 베푸는 것을 싫어했다. 그는 그 사람들이 다 죽기를 바랐다. 그는 하늘로부터 불이 내리기를 바랐다. 그러나 하나님은 다른 생각을 갖고 계셨다. 요나는 다른 곳으로 도망가려고 배를 탔으나 하나님은 폭풍을 보내시고 큰 물고기로 하여금 그를 삼키게 하여 그가 가고자 했던 곳과는 다른 방향으로 인도하셨다.

바로 물고기 배속에서 요나는 하나님을 만났다. 그 과정에서 그는 믿음과 힘이 넘치는 하나님의 사람이 되어 그분의 뜻을 수행할 준비를 갖추게 되었다. 그러나 그때 그는 큰 물고기 배속에서 해초더미에 싸여 있었다. 당신은 그곳의 악취가 어떠했을지 상상할 수 있겠는가? 사람들이 물고기 위액(胃液)을 가지고 실험을 해 보았다고 한다. 먼저는 옷이 녹아나고 그 다음에는 머리카락을 포함한 머리의 털들이 사라진다. 그리고 피부의 외부 몇 꺼풀이 벗겨지기 시작한다. 요나가 삼일 만에 물고기 배속에서 나왔을 때 바로 이런 모습이었을 것이다.

자, 한번 상상해 보자! 큰 물고기 배속에 있었기 때문에 벌거벗었고 털이 없으며 마치 나병 환자처럼 살갗이 벗겨진 사람이 있다. 그런 사람이 도시를 활보하고 다닌다고 생각해 보라. 여기에서 하나님이 요나가 전 도시에 하나님의 메시지를 전할 수 있는 날짜만큼 물고기 배속에 두셨다는 사실을 당신은 알고 있는가? 그는 앞으로 나아갔다. 그는 바다 근처로 가고 싶지는 않았을 것이다.

요나가 니느웨를 돌아다니며 "저는 당신들을 향한 하나님의 메시지를 갖고 왔습니다"라고 말했을 때, 사람들은 아주 놀라서 "말을 듣는 게 낫겠어. 아니면 우리에게도 무슨 일이 일어날 거야!"라고 말했다.

아니면 아브라함을 생각해 보라. 약속을 실현해 보고자 사라의 하녀와 동침하고 아이를 낳았지만 13년 동안 육(肉)적인 자녀로 고생만 하고 여전히 약속의 자녀를 갖지 못했던 아브라함 말이다. 그러나 그는 자신을 부르시는 하나님의 음성을 들었다. "나는 전능한 하나님이다. 나에게 순종하며, 흠 없이 살아라." 그 말씀으로 인해 하나님의 약속이 실현되었다. 그러나 후에 아브라함은 약속의 자녀를 산에서 희생제물로 바치라는 명령을 받는다. 그때 그는 망설임 없이 순종할 수 있었다. 왜냐하면 하나님이 그 아들을 부활시켜 주실 것을 믿었기 때문이다.

씨름하며 나가라

우리는 하나님이 자신의 약속을 기쁘게 성취시켜 주신다는 원리를 성경에 나오는 많은 하나님의 백성들의 이야기에서 확인해 볼 수 있다. 욥, 한나, 요셉, 야곱 등…. 하나님은 자신을 전심으로 따르고자 하는 이 땅의 사람들을 돌보신다. 비록 그분의 약속이 실현되지 않을 것 같은 상황에서도 말이다. 하나님의 약속은 하나님과 인간 사이의 계약이다. 우리는 이를 언약이라고 한다. 그런데 계약은 그 속성상 계약자 모두가 서로 똑같이 그 계약을 존중해야 성취된다.

하나님은 약속을 결코 깨지 않으신다. 그러나 우리는 이 세상의 정사와 권세들, 영적인 악의 세력들, 그리고 연약한 우리 육체와 싸우다가 믿음이 흔들린다. 그럴 때에도 우리는 허리를 동여매고 하나님의 축복을 받고자 분투해야 한다. 그러면 우리의 믿음의 조상들이 바랐고, 그것을 위해 살았으며, 그것을 위해 죽었던 것들이 우리 삶에 일어나는 기적을 맛보게 될 것이다. 예수님도 이 땅에서 사시는 동안 하나님의 약속을 받고 또한 자신이 한 일보다 더 큰 일들을 하시기 위하여 애쓰셨다.

수넴 여인은 하나님의 선물을 받았기에 이제 그 선물을 돌보는 청지기가 되었다. 그렇기 때문에 선물을 빼앗겼을 때 그 선물을 다시 돌려받고자 생명의 근원 되시는 하나님께 나아갔다. 그분 안에서 '모든 것이 다 괜찮을 것이다'라는 그 평안을 확신했다. 그분의 임재 가운데 그녀는 자신이 찾았던 위로를 받은 것이다.

수넴 여인처럼 우리는 청지기가 되어 무엇인가를 지키고 있다. 우리는 하나님의 마지막 날의 기적들, 곧 구원과 치유를 담고 있는 그릇들이다. 수넴 여인의 경우 그것은 아들이었다. 당신의 경우에는 파경 위기의 결혼, 망해 가는 사업, 혹은 희망이 없는 사역일 수 있다. 그것이 무엇이든지 간에 수넴 여인처럼 엘리야의 갑절의 능력을 가진 분이 주무시던 침대 위에 아이를 누인 것처럼 믿음으로 행하라. 그리고 앞으로 나아가라. 답을 얻기까지 늦추지 말라. 그 과정에서 장애물을 만나게 될지도 모른다. 그러나 당신이 살아 있고, 희망을 가득 품고 있으며, 거룩한 기름 부음을 받았다면, 당신은 수넴 여인처럼 '기적 위의 기적'(miracle plus)을 기대할 수 있다.

제8장

부활의 날

⁕ ⁕ ⁕

그러나 이제 그리스도께서 죽은 자 가운데서 다시 살아나사 잠자는 자들의 첫 열매가 되셨도다(고전 15:20).

Make Room For Your Miracle

수넴 여인이 말하길…

　두 사람의 무게와 속도 때문에 나귀의 속도가 점점 느려지자 하인은 내려서 옆에서 걸으며 보조를 맞추었습니다. 반나절 동안 나귀를 타면서 나귀가 흔들릴 때마다 저는 중보기도를 했습니다. 저는 산으로부터 눈을 뗄 수가 없었습니다. 산의 정상은 저에게는 시내산이요, 하나님의 사람인 모세였습니다.

　우리 선조들에 의하면 하나님이 탈리스(유대인 남자들이 아침 예배 때 어깨에 걸치는 옷–역자 주)를 입고 내려오셔서 모세를 만나셨다고 합니다. 그 산에서 구원자께서 모세 앞에 강림하셨을 때 비추인 그 영광의 빛 때문에 밑으로 내려온 모세 얼굴에서도 여전히 빛이 났다고 합니다. 오늘 제 얼굴이 빛나게 될까요? 하나님이 저를 만나 주실까요? 제가 하나님의 영광을 볼 수 있을까요?

　어느덧 해는 하늘을 제법 많이 가로질렀고, 우리는 분홍색, 흰색, 그리고 노란색 야생꽃들이 핀 사막의 들판을 지나왔습니다. 이제 목적지에 거의 다다랐을 때 우리는 칼리프리노스 오크 나무숲을 지나게 되었습니다. 칼리프리노스 오크 나무들은 마치 먼지를 뒤집어쓴 키 작은 녹색 괴물들이 경사진 언덕을 서로 붙어 올라갔다 내려갔다 하다가 결국 작년에 그 열매를 낸 초원 위로 다시 올라온 것 같았습니다.

저는 우리를 맞으러 길을 따라 내려오는 사람을 보았습니다. 그 사람은 바로 게하시였습니다. 저는 그날따라 그의 얼굴이 천사의 얼굴처럼 보였습니다. 왜냐하면 선지자께서 바로 여기에 계신다는 뜻이었으니까요. 게하시는 우리를 보자, 저와 남편과 아이에 대한 선지자의 안부를 전했습니다.

"모두 다 잘 있습니다." 말은 이렇게 했지만 저는 긴장한 채 게하시가 내려온 그 길 저 너머를 바라보고 있었습니다.

안장 사이에 끼워진 채 달렸기에 저의 치마는 다 구겨져 있었습니다. 저는 엘리사가 있는 곳으로 올라갈 때 나귀의 뒤편에 들러붙어 있었습니다.

감격스럽게도 그곳에 그분이 서 계셨습니다. 저는 힘들게 안장에서 내려와 그분께로 달려갔습니다. 그분의 발 앞에 엎드려, 마치 제 아들의 숨결을 잡으려는 것 같이 그분의 발목을 잡고 매달렸습니다.

저를 떼내려고 게하시가 손을 내밀었습니다.

그러자 선지자께서 말씀하셨습니다. "아니다. 그녀를 막지 마라. 그녀는 지금 너무 슬픈데, 무엇 때문에 그러는지 주님께서 내게는 숨기시는구나."

"제가 아들을 구한 적이 있습니까?" 저는 숨을 헐떡거리면서도 소리를 질렀습니다. "제가 저에게 농담하지 말라고 하지 않았었나요? 제가 제게 거짓말하지 말라고 하지 않았던가요?"

그러자 선지자께서 알아채셨습니다.

"게하시야! 떠날 채비를 하여라." 엘리사는 오랫동안 써 오신 지팡이를 들어 올렸습니다. 마치 모세가 홍해 위로 지팡이를 든 손을 펼친 것 같았습니다. "아무에게도 말하지 말거라. 도중에 누가 인사를 해도 대꾸하지 말거라. 어떤 이유로든지 지체하지 말고 지금 당장 수넴으로 가서 이 지팡이를 아이의 얼굴 위에 올려놓아라."

게하시는 옷을 단정하게 하고 그 능력의 지팡이를 두 손으로 받아들자마자, 바다로부터 천둥소리가 들렸습니다. 그때 갑자기 저는 열쇠가 생각났습니다. 제가 문을 잠가 놓았지요. 저는 제 드레스 주머니를 뒤졌습니다. 그의 손을 잡고 손바닥 위에 제 열쇠를 올려놓았습니다. 그는 산 밑으로 내달리기 시작했습니다.

그리고 엘리사가 저를 일으켜 세워 주었습니다.

"수넴 여인이여, 돌아가시오." 그분은 간단명료하게 말했습니다. "다시 돌아가서 당신 집으로 가시오. 내가 내 수종을 보냈으니 아이가 깨어날 것이오."

그러나 저는 그렇게 될 것 같지 않았습니다. 저는 다시 그 발밑에 쓰러져 그의 발을 부여잡았습니다. 그분이 지난 몇 년간 입었던 털 코트의 끝이 제 눈에 들어왔습니다.

"안 됩니다. 선생님! 저는 돌아가지 않을 겁니다. 선생님께서 저와 함께 가시지 않는다면 저는 돌아가지 않을 겁니다." 저는 단호하게 말했습니다. 저는 그곳에서 하루나 이틀 혹은 삼일이라도 더 머물 각오가 되어 있었습니다. 시간이 많이 걸리더라도 저는 약해지지 않기로 결심했습니다. 저는 그분이 제 아들을 살려 제 품에 다시 안겨 주시기 전까지 간구할 작정이었습니다.

저는 안타까운 눈빛으로 선지자를 바라보았습니다. 그분의 담갈색 눈동자와 마주쳤습니다. 그 눈은 부드러움과 이해심이 넘치는 눈이었습니다. 선지자 엘리사는 얼굴을 들어 하늘을 보시곤, 저를 다시 내려다보며 동의해 주었습니다.

"그럼, 내려갑시다." 그분이 말했습니다.

우리는 제가 급하게 지났던 초원을 침묵 가운데 다시 가로질러 갔습니다. 이번에는 선지자와 함께 갑니다. 하인이 나귀의 체력을 염두에 두고 천천히 몰았기에 돌아오는 길에서는 속도를 낼 수 없었는데, 그 시간이 저에게는 너무 고통스럽게 다가왔습니다.

드디어 저희가 수넴이 보이는 지역 안에 들어왔을 때, 해는 아직 쏟아지지 않고 멈춰 있는 폭풍우 너머 서쪽 하늘에 걸려 있었습니다. 우리가 걸어서 조용히 지나갔기에 욕단과 추수꾼들은 우리를 보지 못했습니다. 그들이 곡식들을 타작하면서 부르는 노랫소리가 들렸습니다. 그들은 아주 기뻐했습니다. 하나님이 더 많이 추수할 수 있도록 축복해 주셨을 뿐만 아니라 폭풍우도 붙잡아 두고 계셨으니까요. 그들은 자신들의 일에 전념하고 있었습니다. 곧 그들은 불을 피워 놓고 일을 계속할 것입니다.

게하시가 나와서 우리 일행을 맞아 주었습니다. 그리고 선지자에게 이렇게 말했습니다. "소년이 아직 깨어나지 않았습니다."

"나 혼자 올라가겠다." 선지자 엘리사가 대답했습니다.

저는 고개를 끄덕이고는 나귀에서 내려와 그분을 따라 집으로 들어갔습니다.

저는 앉아 있을 수도 없었고, 차분하게 화롯가 곁에서 불을 쬐고 있을 수도 없었습니다. 대신 저는 마치 주인이 안으로 들어오라고 맞이해 주길 기다리는 불안한 손님처럼 서 있었습니다. 시녀들은 아무런 말도 하지 않았지만, 여느 때와는 다른 행동 때문에 제 아이의 병이 심각한 상태임을 알고 있는 것 같았습니다. 저는 그들이 기도하고 있다는 것을 알 수 있었습니다. 저는 그 다음에 무엇을 어떻게 해야 할지 몰랐습니다. 그러나 결국 선지자를 모셔 왔으니 곧 모든 식솔들이 다 알게 될 것을 예상해야 했습니다.

방 안에서는 움직이지 않는 아들 위로 창백한 불빛만이 비추고 있었습니다. 그의 얼굴은 평온해 보였고, 두 손은 가슴 위에 올려져 있었습니다.

선지자 엘리사는 마치 갑자기 움직이면 아이가 깨기라도 할 듯이 조심스럽게 아이에게 다가갔습니다. 그는 자신의 침상 곁에 섰습니다. 예전에 그 침대에서 잘 때 꿈 속에서 이스라엘을 향한 주님의 말씀을 듣기도 했습니다. 수넴 여인의 아들이 태어날 것에 대한 약속의 말씀도 바로 이 침대에서 주어졌었죠.

엘리사는 하박국의 얼굴을 어루만졌습니다. 잠시 심장이 죄어 왔지만 곧 그 무엇인가, 곧 그가 의지하는 보이지 않는 하나님의 손이 그의 기운을 북돋아 주었습니다. 그러자 자신의 스승의 일이 생각났습니다. 엘리야가 사르밧 과부의 아들을 살렸던 모습이 보였습니다.

선지자는 자신의 지팡이를 벽에 세워 두었습니다. 힘 있는 믿음이 그 배속으로부터 치밀어 올라왔습니다. "이스라엘아 들어라! 우리 주님은 한 분이시다!"

선지자 엘리사가 움직였습니다. 침대 주변을 이리저리 걸어 다녔습니다. 가끔 허공에 손을 들기도 하였습니다. 또 가끔 두 손을 움켜쥐기도 하고 입 밖으로 기도소리를 내며 손을 비틀기도 하였습니다. 때로는 아이의 얼굴을 마주보기도 하고 돌아서기도 하였습니다. 그러나 죽음의 계곡은 그 누구도 건너갈 수 없을 만큼 분명해 보였습니다. 건너가지도 못하고 돌아오지도 못할 그런 계곡이었습니다. 그는 스스로의 힘으로 아이를 살릴 수 없다는 사실을 분명히 알았습니다. 그 계곡의 간격이 너무 넓었기 때문입니다.

그러나 하나님은 인간이 아니시니, 불가능한 것이 없으십니다. 선지자는 주홍빛 카펫 위를 다니며 다시 기도했습니다. 그는 눈을 감고 이 벽에서 저 벽을 왔다 갔다 했습니다. 땀이 송골송골 이마 위에 맺히기 시작했습니다.

"영광의 하나님! 당신은 어느 누구에게도 빚을 지지 않으십니다."

그는 눈을 감고, 눈썹을 찡그리며 애써 하나님의 임재를 구하고 찾으며, 그 방과 가장 높은 하늘의 방 사이를 날아다니고 있었습니다.

"하늘의 영광을 보게 하소서!" 자신의 스승보다 갑절의 능력을 받은 선지자가 기도하고 있었습니다.

그는 서 있었지만, 실제로 그 마음에서는 하나님의 위대한 종으로서 자비와 긍휼이 넘치는 심판의 보좌 앞에서 그의 얼굴을 바짝 대고 큰 대자로 엎드려 있었던 것입니다.

갑자기 그는 알게 되었습니다. 그 방에 하나님의 임재가 가득 찼습니다. 그의 주변에는 천 명이 넘는 천사들이 날개를 치고 있었습니다. 그 소리가 너무 커서 마치 이 땅의 모든 소리들이 갑자기 사라진 것 같았습니다. 영광의 하나님이 직접 그 종 가까이에 오신 것입니다.

그는 마음의 눈으로 마치 자신이 엘리야가 된 것처럼 생각하며 침대 위로 올라갔습니다.

하나님의 종은 눈과 눈, 손과 손, 입과 입을 맞추고 마치 사자가 먹잇감 위로 올라가듯 아이의 몸 위에 웅크리고 엎드렸습니다. 그러고 나서 엘리사는 숨을 불어넣었습니다. 그 숨은 인간의 숨이나 인간의 의지가 아니었습니다. 그는 단지 하나님의 도구요, 방편일 뿐이었습니다. 그 자그만 아이의 몸은 선지자의 온기로 따뜻해졌습니다. 엘리사는 그 체온을 느끼곤 얼른 몸을 떼었습니다. 그리고 지켜보면서 기다렸습니다. 아이가 다시 코로 숨을 쉬는지를 눈여겨보고 있었습니다. 그의 눈은 하박국의 가슴을 쳐다보고 있었습니다.

가슴이 위로 올라왔다 내려갔는가? 하박국은 아까처럼 그대로 누워 있었습니다. 그러나 그의 손에는 분명 온기가 남아 있었습니다.

선지자 엘리사가 첫 번째로 그 아이 위에 올라갔을 때는 그렇게 큰 능력이 임하는 것을 느끼지 못했습니다. 하나님의 임재로부터 나와 그 방을 채웠던 그 믿음은 그의 마음에서 온 것이라기보다 그의 배에서 나온 것 같았습니다.

중보자 되신 성령님이 너무 빨리 뒤로 물러나신 것 같았습니다. 아이의 숨은 다시 돌아오지 않았습니다. 하박국은 이 세상과 그 다음 세상 어디인가에 가지도 오지도 못하고 있는 것 같았습니다. 하나님의 사람에게 어둠의 세력들이 아이가 돌아오지 못하도록 강하게 붙들고 있다는 깨달음이 왔습니다. 그는 다시 소년 위로 올라가 이제는 아이의 머리에 자신의 머리를 맞대었습니다. 다시 눈과 눈을 맞추고 입에다 숨을 불어넣었습니다. 어둠의 세력이 뱀의 형태로 올라와 선지자를 노려보며 "너는 이 아이를 살릴 수 없어!"라고 날카롭게 소리를 질렀습니다.

그러나 엘리사 안에 계셨던 성령님은 단순히 숨을 들이쉬고 다시 내쉬었습니다. 생명을 내쉬고 있었습니다. 엘리사는 그때 마치 하나님이 그의 안으로 들어오시고 그는 하나님을 밖으로 배출하고 있는 것처럼, 그 자신 밖에서 무엇인가를 옮기고 있었습니다. 마침내 하박국이 눈을 뜨고 재채기를 했습니다. 엘리사의 심장은 안도감으로 터질 것 같았습니다.

하박국의 눈은 마치 꿈속의 안개가 걷히는 것 같았습니다. 눈은 동그래지고 아주 순진무구하게 보였습니다. 그 아이는 자신의 친구가 자신의 몸 위에 올라왔었던 것을 모르는 것 같았습니다.

여호와의 가장 큰 능력이 펼쳐진 그 놀라운 순간에는 어떤 기도나 어떤 감탄도 할 수 없습니다. 선지자가 입증한 그 놀라운 사실에 어떤 적절한 반응도 할 수 없습니다. 죽은 자가 살아났습니다! 모든 기적 중에 가장 큰 기적이 일어났습니다. 도저히 말로 표현할 수 없는 일이었습니다.

"게하시!" 선지자는 낮은 목소리로 시종을 불렀습니다. 방의 문이 열리자 그 시종은 안을 슬쩍 쳐다보았습니다.

"예, 선생님?" 게하시가 대답했습니다.

엘리사의 목소리는 소리가 나오면서 갈라졌습니다.

"수넴 여인을 불러오너라."

이제 우리는 들으며…

오늘날 당신이 기대어 살고 있는 것들 중에 죽어 있는 것이 있는가? 하나님이 당신과 당신의 가정, 당신의 희망, 당신의 꿈, 그리고 당신이 당신의 것이라고 붙잡은 하나님의 약속을 위해 이 말씀을 주신다. 이 말씀은 사실 죽어 가고 있는 도시들과 열방들, 혹은 경제가 죽어 가는 곳들을 위한 것이기도 하다. '하나님은 소생시키시고 회복시키며 부흥시키기 원하신다.' 우리의 하나님은 부활의 하나님이시다. 하나님은 기적과 표적과 기사의 하나님이시다. 당신 안에 그분이 거하실 방을 만든다면, 당신은 기적의 영광을 작동시키는 것이다.

이것은 과학이 아니다. 당신이 이 책을 지금까지 읽으면서 이미 확인한 것처럼 이것은 예술이다. 기적은 좇는다고 이루어지는 것이 아니다. 우리는 부활의 능력을 가지고 오시는 분을 전심으로 찾음으로써 기적을 맛보게 되는 것이다.

우리는 오직 예수님이 행하신 일 때문에 기적의 영역에서 권위를 갖게 되었다. 우리가 그분을 위한 방을 마련하고 그분과의 관계에서 자라게 될 때 비로소 그 장소에서 기적이 일어난다. 그분의 영광 가운데 들어가는 법에 대해 좀 더 자세히 살펴보자.

순복음의 부흥

예수님의 복음 사역은 분명 구약에 나타난 모든 예언의 성취인데, 그 사역의 핵심에는 치유와 해방이 있다. 이것은 아주 분명한 일이다. 성경은 "하나님이 나사렛 예수에게 성령과 능력을 기름 붓듯 하셨으매 그가 두루 다니시며 선한 일을 행하시고 마귀에게 눌린 모든 사람을 고치셨으니 이는 하나님이 함께하셨음이라"(행 10:38)고 말하고 있다. 치유와 마귀로부터의 해방은 빛의 왕국이 드러나는 가장 중요한 두 가지 현상이다.

사탄이 이에 반하는 두 가지 목표가 있다는 것은 분명하다. 사탄은 이 세상을 지배하여 하나님께 드려져야 할 예배를 받으려 한다. 그렇기 때문에 우리는 어둠, 곧 갈등과 분쟁과 전쟁이 증가할 때를 오히려 빛의 왕국을 전진시킬 수 있는 절호의 기회로 보아야 한다.

그래서 오늘날 복음이 선포되는 곳에 표적과 기사가 따라오는 순복음이 부흥하고 있는 것이다. 지금 우리가 살고 있는 이 시대가 얼마나 중요한 때인가를 각 성도들이 알게 되는 것은 정말 멋진 일이다. 그리스도를 믿는 자들은 부흥이 오도록 기도하며 하나님의 영광이 임하도록 기도할 수 있는 자들이다. 이 세상은 살아 계신 하나님의 교회가 일어나 빛을 발할 수 있도록 설정된 무대인 것이다.

우리는 이런 승리를 어떻게 얻을 수 있는가? 우리는 이미 우리를 위해 이루신 그리스도의 승리를 따라가야 한다. 골로새서 2장 15절을 보면 그리스도께서 "통치자들과 권세들을 무력화하여 드러내어 구경

거리로" 삼으셨다고 한다. 그리스도께서 그들을 모두 이기셨다. 그분이 그들의 무장을 해제시킴으로써 교회가 승리할 수 있게 하셨다. 마가복음의 지상위임 명령을 보면 예수님은 "온 천하에 다니며 만민에게 복음을 전파하라…믿는 자들에게는" 표적과 기사들이 따를 것이라고 하셨다(막 16:15-19). 예수님은 단순하게 "승리를 실행하라"고 하시는 것이다. 우리는 이미 승리했다. 이제 이 땅에 그 승리를 구현하는 것이 중요한 것이다.

당신의 기적을 맛보라

예수님이 승리하셨다는 사실을 믿는다면 기적이 아직 일어나지 않았다 하더라도 포기하지 말라. 수넴 여인이 갈멜에 도착해 엘리사를 만났을 때도 그녀가 찾고 있었던 기적을 바로 받지는 못했다. 엘리사는 게하시를 먼저 보내며 자신의 지팡이를 주고 아이의 얼굴 위에 올려놓으라고 했다. 가끔은 하나님이 기적을 일으키시기 전에 징표를 주시기도 한다. 그 징표는 하나님이 온전하게 이루신다는 것에 대한 표시이다. 엘리사의 지팡이는 하나님의 영광이 임할 것에 대한 징표였다. 그것은 아론의 싹 난 지팡이처럼 생명의 상징이요, 기름 부음의 약속이었다.

당신이 받은 예언적 약속이나 말씀, 혹은 꿈이나 환상 등이 그런 징표일 것이다. 아직은 부분적일지라도 당신의 문제에 대한 돌파구가 열린 것이다. 그런 징표를 붙들고 온전한 해결책이 오고 있다는 것을 믿으라. 수넴 여인은 그런 징표를 받아들이면서도 자신의 약속이 다시 살아나는 것을 볼 때까지 엘리사의 발을 붙들고 강청했다. 하나님이 주시는 징표를 무시하지 말라. 이러한 징표들은 문제가 해결될 때까지 하나님께 더욱 매달리게 해 준다.

우리가 이미 1장에서 이야기했던 것처럼 우리 아들인 아론이 태어날 때 우리도 그러했다. 아론을 임신했을 때 주님은 보니(Bonnie)에게 "네가 아들을 낳게 될 것이다. 이름을 아론이라고 하라. 왜냐하면 내가 아론의 오래되고 죽은 지팡이에서 싹이 나게 했던 것처럼 네 아들 아론에게서 생명의 싹을 피울 것이기 때문이다"라고 말씀해 주셨다. 이 말씀은 아론이 태어나기 몇 주 전에 받았는데, 그때는 아이가 살 수 있을 것이라는 희망이 없었고, 보니(Bonnie)의 몸은 계속해서 악화되고 있을 때였다.

그 말씀이 징표가 되어 죽은 지팡이도 하나님의 영광 가운데 있으면 열매를 맺는 나무가 될 수 있다고 확신하였다. 우리 아이는 4개월이나 먼저 태어났고 여러 합병증을 앓고 있었지만 그가 태어날 때 보니(Bonnie)는 "남자 아이죠, 그렇지요?"라고 의사에게 물었다. 의사는 고개를 끄덕였지만 여전히 그의 손 안에 있는 아이가 도저히 살 가망이 없다는 절망감이 얼굴 표정에 묻어 나왔다. 그런 상태에서 보니(Bonnie)는 "아이의 이름은 아론입니다. 그는 죽지 않고 살 것입니다!"라고 선포했었다. 아내는 하나님이 전에 주신 징표를 붙들었고, 하나님은 그분의 말씀을 지키셨다.

일반 종교에는 기적에 대한 잘못된 관념이 팽배해져 있다. 우리는 문제에서뿐만 아니라 해결책에서도 우리 자신을 배제시켜야 한다고 배워왔다. 그러나 우리 크리스천들은 하나님의 대사(大使)들이다. 우리는 그 자신이 해결책이신 분을 모시고 있다. 예수님이 우리의 기적이시다. 무덤에서 부활하셨을 때 그분의 제자들은 살아 계신 주님을 뵈었고, 지금 우리 안에 성령님으로 함께하신다. 살아 계신 그리스도를 모실 때 우리는 문제에 대한 해결책을 갖게 된다. 당신이 그분의 임재 가운데 그분과 하나 될 때, 당신은 기적과 하나가 되는 것이다.

이런 면에서 하나님의 말씀은 아주 강력한 도구가 된다. 하나님의 말씀은 영원하다. 하나님의 말씀은 살아 있고, 운동력이 있으며 창조의 능력으로 가득 차 있다. 하나님의 말씀을 묵상할수록 당신은 더욱 하나님을 알고 닮게 된다. 하나님의 말씀은 모든 단계와 경우에 다 적용되는 진리이다.

아론이 태어나기 전날 보니(Bonnie)는 주님이 그녀에게 시편 29편을 말씀해 주시는 꿈을 꾸었다. 그 다음 날, 그 말씀은 정말 살아서 그녀의 몸으로 들어와 아론을 태어나게 하였다. 그녀와 아론은 생명의 말씀과 하나가 되었던 것이다. 하나님의 말씀이 하늘의 영광에 감동되었다. 당신이 하늘에서 일어나고 있는 것에 감동될 때 당신이 이 땅 어디에 있든지 그곳에서 그 일이 일어나는 것이다.

우리의 첫 번째 아이인 벤(Ben)은 신장에 치명적인 병을 안고 태어났다. 벤(Ben)이 점점 죽어 가고 있을 때, 나(보니, Bonnie)는 남편 마헤쉬(Mahesh)가 치유에 대한 모든 성경말씀을 찾아 수첩에 적었었던 것을 기억한다. 그 수첩에는 우리가 예수님 안에서 누릴 수 있는 유산과 약속들과 예언적 말씀들이 기록되어 있었다. 하나님은 자신의 말씀에 신실하시다. 어떤 의사도 우리를 도울 수 없을 때 우리 부부와 이 일을 알고 중보기도하며 금식기도를 해 주었던 사람들은 하나님의 말씀이라는 생명줄을 붙들었었다.

우리가 붙들었던 첫 번째 말씀은 출애굽기 23장 25절이었다. "네 하나님 여호와를 섬기라 그리하면 여호와가 너희의 양식과 물에 복을 내리고 너희 중에서 병을 제하리니." 우리가 이 말씀을 붙들고 섰을 때 하나님의 영광이 임하여, 벤(Ben)에게 기적이 일어났다. 주님은 벤(Ben)을 완전히 고쳐 주셨다. 그의 신장과 모든 비뇨 기관들을 깨끗하게 치유해 주셨다. 우리가 경험해 보았기 때문에 우리는 이 말씀이 진리라는 것을 안다. 우리는 치유가 필요한 사람들을 위해 아직까지 그 말씀을 간직하고 있다. 지금도 치유를 놓고 기도할 때, 특별히 아이들을 놓고 기도할 때, 가장 먼저 붙들고 기도하는 말씀이 바로 이 말씀이다. 우리가 몸소 체험했기 때문에 더욱 그렇다.

당신이 과거에 어디서 하나님을 경험했던지, 그분을 다시 체험하는 역사가 일어나길 바란다. 수넴 여인이 한 것이 바로 이것이다. 하나님이 그녀를 기억하셔서 아들을 주셨다. 이것은 하나님이 그녀를 고치시고 복 주시며, 열매 맺고 생산하도록 하는 것이 하나님의 뜻이라는 것을 확실하게 보여 주셨던 것이다. 그렇기 때문에 아이가 죽었을 때, 그녀는 하나님께 나아가 이렇게 기도할 수 있었던 것이다. "하나님, 저는 당신이 어떤 분이신지 압니다. 저는 이 죽음을 받아들일 수 없습니다. 당신은 생명의 하나님이시지 않습니까?"

예수님을 더욱 명확하게 보라

하나님은 우리가 예수님을 더욱더 분명하게 볼 수 있게 하기 위해서 우리의 환경을 흔드신다. 그것은 마치 당신이 하나님의 영광의 산으로 오르는 것과 같다. 사람들은 원수의 대리자로 활동하며 하나님의 영광이 있는 높은 곳으로 올라가지 말고 낮은 곳에 있으라고 당신의 발목을 잡는다.

이런 경우, 성경에 나오는 한나 이야기는 좋은 예가 된다. 아주 좋은 남편이었던 엘가나가 있었지만, 엘가나의 두 번째 부인은 한나의 경쟁자였다. 그녀는 한나를 괴롭혔다. 그때마다 한나는 비참함을 느꼈다. 사무엘상 1장 7-10절을 보면, 엘가나는 매년 그의 가족들을 데리고 실로에 있는 주님의 집에 가서 제사를 드렸는데, 한나의 원수가 한나를 괴롭히고 업신여겼다고 한다. 한나는 마음이 너무 괴로워서 먹지도 않고 울기만 했다. 한나에게는 큰 고통이었다.

원수들이 하는 일들이 이렇다. 그들은 당신이 힘들 때 와서 더 비참하게 만든다. 그럴 때, 우리는 이렇게 질문해야 할 것이다. "우리가 힘들 때, 우리는 하나님의 도움을 얼마나 간절하게 원하는가?" 우리가 진정 기적을 원한다면 우리가 힘들 때일수록 하나님과의 관계를 더욱 긴밀하게 맺어야 한다. 어떤 사람들은 이 땅에서 눈에 보이는 현재 자신의 적과 싸우는 전투에 집중한다. 그러나 찬양과 예배를 통해 주님을 바라보며 그분께 더 가까이 나아가는 것이 훨씬 더 낫다.

예수님은 제자들을 산으로 이끄시어 그분의 영광을 보여 주셨다.

그것은 마치 예수님을 클락 켄트(Clark Kent, 슈퍼맨으로 연기했던 배우-역자 주)로 알고 있었는데, 산에 올라가 보니 예수님이 슈퍼맨이었다는 것을 알게 된 것과 같다. 시험을 당하여, 약속이 마치 죽은 것 같을 때, 두려워하지 말라. 강도요, 도둑이며 파괴자의 말을 듣지 말라. 그러면 예수님이 자신의 영광을 더 선명하게 보여 주실 것이다.

원수는 당신의 마음을 가지고 장난친다. 당신을 염려하게 만들고 짜증나게 만든다. 이럴 때 당신은 주님의 집으로 가야 한다. 기도의 집으로 가야 한다. 영광의 집으로 가야 한다. 당신의 기도가 깊어져 핵심에 다다를 때 새롭게 기적이 일어난다.

당신이 기대어 살고 있는 것들 가운데 죽은 것은 무엇인가? 당신이야말로 그 죽은 아이에게 생명을 불어넣어야 할 사람일지도 모른다. 당신이 자신의 꿈을 살리거나, 도시에서의 사역을 살려야 할 수도 있다. 영광스런 하나님의 기적을 일으키는 대리자가 되라. 지금은 죽은 도시와 나라들 안에서 사는 하나님의 대리자들이 생명과 영광에 대해 이야기하기 때문에 도시와 나라들이 살아날 것이다.

우리는 승리를 소유하고 있다. 이제 그 승리를 실제적으로 맛볼 때이다. 그러므로 일어나 빛을 발하라. 하나님의 부활의 영광을 선포하고 맛보게 하는 자들이 되라.

Make Room For Your Miracle

제9장

/

하나의 기적 위에 얹어진
또 다른 기적들

※ ※ ※

기록된 바 하나님이 자기를 사랑하는 자들을 위하여 예비하신 모든 것은 눈으로 보지 못하고 귀로 듣지 못하고 사람의 마음으로 생각하지도 못하였다 함과 같으니라(고전 2:9).

Make Room For Your Miracle

수넴 여인이 말하길…

문이 열렸을 때 제일 처음 본 것은 깜박이는 등잔불이었습니다. 그리고 바로 하나님의 사람, 그분의 뒤에서 바닥을 딛고 서 있는 아들의 발이 보였습니다.

"엄마?"

그가 살았습니다! 생명의 힘이신 나의 여호와 하나님이 응답하셨습니다. 하박국이 다시 살아났습니다! 저는 안도감을 넘어선 환희와 기쁨 때문에 제 가슴이 터지는 줄 알았습니다. 말로 표현할 수 없는 감사의 눈물이 줄줄 흘러내렸습니다. 저는 하늘의 왕의 종 앞에 쓰러졌습니다.

"우리 조상들의 하나님께 영광을 돌립니다! 오늘 내 절규를 듣고 나의 기도를 들어주신 엘리사의 하나님께 찬양을 드립니다!" 저는 다시 한 번 그분의 발목을 잡았지만 이번에는 기쁨에 겨워 그렇게 했습니다. "당신이 섬기시는 하나님, 나의 주님께 감사를 드립니다!"

엘리사는 손을 제 머리 위에 가볍게 올리면서 "자네 아들을 데리고 가게나"라고 말했습니다.

"나, 배고파. 엄마!" 하박국이 말했습니다. 저는 크게 웃으며 아이를 안았습니다.

"수넴 여인이여!" 선지자께서 저를 불렀습니다.

"예, 선생님!" 저는 엘리사를 바라보며 대답했습니다.

"기근이 올 것입니다." 선지자가 말씀하였습니다. 그분의 모습은 마치 혹독한 시련을 본 것 같았습니다. 그분은 이 부활의 기적 끝에서 본 끔찍한 환상 때문에 기력이 다 소진된 사람처럼 보였습니다.

주님이 임재하셔서 능력을 발휘하시면 처음에는 꿀처럼 달다고 배웠습니다. 그러나 모든 지식의 하나님이 지나가시게 되면 매우 힘들어진다고 합니다. 그분이 지나가시고 나서, 마치 그분이 오실 때 가져오신 것 같았는데, 검은 구름들이 몰려왔고, 먼지가 소용돌이쳤으며, 폭풍우 가운데서 한 나라가 고통 때문에 절규하는 소리가 선지자 엘리사에게 들렸다고 합니다. 그것은 바로 페스트였습니다. 이스라엘은 빵을 구걸하고 물이 없어 고달파질 것입니다.

이는 곧 우리 백성들이 당하게 될 일이었습니다. 하나님을 섬기다 허무한 우상에게로 돌아선 죄의 대가였습니다. 하나님의 백성들이 허영심으로 가득했고, 자신들의 육체적인 힘으로 스스로를 구원할 수 있다고 믿었습니다. 들판에서는 풍성하게 추수를 했지만, 그들은 그것을 베풀어 주신 하나님을 잊어버렸습니다. 종교적으로 변하여 쓸모없는 백성이 되었습니다. 목자 없는 양과 같았고, 혼나기 싫어하는 어린 아이와 같았습니다. 허황되다고 하며 어떤 환상도 좇지 않았고, 꽉 막혔다고 비판하며 어떤 교리도 가르치지 않았습니다.

하나님이 이스라엘 백성들의 창고를 비우실 것이며, 사람들의 배를 곯게 하실 것입니다. 하나님은 사람들의 주머니를 터실 것이고, 그들의 연회와 파티 장소에서 애곡하게 만들 것이며, 먹을 것이 없어 치아가 깨끗해질 것입니다. 하나님은 그들이 자신을 부인하고 그들을 사랑하시는 하나님께로 돌아올 때까지 하나님의 진노와 심판을 쏟아내실 것입니다. 마치 금과 은을 연단하는 불처럼 연단을 통해 불순물을 제거하고 깨끗하게 하실 것입니다.

엘리사는 비전 가운데 화염(火焰)이 바다를 삼키고 땅을 다 태우는 장면을 보았습니다. 그 화염이 선지자의 겉옷을 핥았고, 수염을 그슬리며, 팔에 난 털들을 다 그을리게 했다고 합니다. 한 나라가 영혼의 어두움과 가뭄 때문에 배고픈 고통을 선지자가 직접 자신의 몸으로 느낀 것입니다.

그 말을 들으며 게하시는 눈이 동그래졌습니다.

엘리사는 다시 힘을 되찾은 듯, 아주 강하고 분명한 시선으로 저를 쳐다보았습니다. 그리고 이렇게 말씀하였습니다.

"오늘은 아들이 살아났으니 기뻐하십시오. 남편에게 말하여 하인들과 추수꾼들로 하여금 곡식들을 창고에, 음식들을 저장고에 채우게 하십시오. 씨 뿌리는 자에게 씨를 주시고, 먹을 것을 필요로 하는 자들에게 빵을 주시는 하나님께 감사하며 주님을 찬양하시오. 금년의 이 추수를 잘 기억해 두시오."

먼지를 몰고 와 붉게 보이는 폭풍우와 배고픔 때문에 고통하며 절규하는 사람들에 대한 환상이 마치 텐트가 열리듯 보였다가 사라졌다고 합니다. 그 후에 주님의 말씀이 그의 종에게 임했습니다. 일반 사람들은 도저히 알 수 없는 지식, 곧 닥칠 일들에 대한 지식을 알고 있는 엘리사가 말했습니다.

"주님이 말씀하십니다. 귀한 여인이여, 내년 이맘때부터 7년간의 대기근이 이스라엘에 닥칠 것입니다."

마치 그릇에 구멍이 나서 그 안에 있는 국이 갑자기 다 새듯이, 하박국이 살아나서 기쁘고 흥분됐던 마음이 순간적으로 사라져 버렸습니다. 제가 엘리사를 강청하여 우리 집에 모신 이후로, 옥상에 만든 방에서는 평범하지 않은 만남들이 이어졌습니다. 그러나 저는 하나님의 사람이 하신 말씀이 모두 그대로 이루어질 것이라는 사실을 확신할 수 있었습니다.

"저희는 어떻게 해야 될까요?" 제가 물었습니다.

"당신은 가뭄이 끝날 때까지 식구들을 데리고 블레셋 사람들의 지역으로 가서 살도록 하시오."

"블레셋으로요? 원수의 땅으로 가야 한다는 말씀이십니까?"

그 다음 칠 년간 무슨 일이 있었는지 말씀 드릴 것이 많습니다. 블레셋 사람들은 부드러운 머리를 길게 길렀고, 옷도 매우 찰랑거리는 옷을 입었습니다. 그들은 종종 피부에 검은 문신을 했으며 돼지고기를 먹고, 개고기처럼 부정한 음식도 먹었습니다. 그들의 축제와 제례는 이스라엘의 죄보다 더 타락된 것이었습니다.

우리가 블레셋에 체류했던 초기에 욕단은 제련소에서 풀무질을 했습니다. 블레셋 사람들은 철을 잘 활용하였고, 무기고를 운영했습니다. 욕단이 나이가 들어가자 젊은 하박국을 데리고 다녔습니다. 우리 집 소년이 집에 돌아올 때면 남자답게 땀에 흠뻑 젖어 있었습니다. 저는 이렇게 만들어진 창이나 화살들이 이스라엘 백성들에게 쓰이지 않게 해 달라고 기도했습니다.

시간이 갈수록 하박국은 우리 조상들과 우리가 믿는 믿음에 대해 더 많이 이야기해 달라고 했습니다. 그는 몇 시간이나 앉아 이야기를 들을 수 있었습니다. 그래서 우리는 이방 땅에 체류하고 있었지만 늘 여호와의 임재와 축복 가운데 지낼 수 있었습니다. 우리는 집에 빨리 돌아가고 싶었습니다. 그래서 어쩔 수 없이 조심스럽게 살아갈 수밖에 없었지만, 감사하지 않은 순간이 없었으며, 언제나 기뻤습니다.

욕단은 성실했고 능숙했지만, 일을 하기에는 이제 힘이 부쳤습니다. 6년째 되는 해에 남편은 병에 걸렸는데, 결국 다시 일어나지 못하게 되었습니다. 그는 마지막으로 저와 하박국이 집으로 돌아갈 때 자신의 뼈를 수습하여 달라는 부탁을 했습니다. 저는 눈물을 흘리며 그의 손을 꼭 붙들어 제 가슴에 대고, 그렇게 하겠다고 약속했습니다. 또한 제가 얼마나 사랑을 많이 받은 아내로서 고마워하고 있는지 모른다고 고백했습니다.

저와 하녀들은 계속해서 아마섬유로 옷을 짜 상인들에게 납품하는 일을 했습니다. 하박국은 이제 열두 살이 되어 계속해서 제련소에서 일했습니다. 우리는 하나님이 언젠가 우리를 건져 주실 것을 바라고 기대하며 일했습니다.

남편이 죽고 만 일 년이 지난 어느 늦은 여름날에 이스라엘의 가뭄이 끝났다는 소식이 들렸습니다.

'집으로 돌아간다!' 이제 드디어 집으로 돌아갈 때가 되었습니다.

※

드디어 우리가 길보아산과 다볼산 사이의 계곡으로 들어갈 때 우리는 마치 옛날 선조들이 출애굽할 때 잇사갈 부족이 깃발을 내세우고 축복의 산과 저주의 산 사이를 지나갔던 것처럼(신 27:12 참고), 나귀들에 짐을 가득 싣고 저와 하바국은 소가 끄는 수레에 탄 채 축복과 저주의 산 사이를 지나갔습니다. 저는 욕단에게 약속한 대로 그의 뼈를 수습하여 가지고 왔습니다. 저희가 수넴에 도착한 다음에 그는 비로소 조상들과 함께 안식할 수 있게 되었습니다.

우리는 우리 가문이 물려받은 땅이 어떤 모습일지 상상할 수 없었습니다. 칠 년 동안 비가 내리지 않았고, 그 누구도 돌봐 주지 않았습니다. 비록 가뭄은 끝났지만 그 땅은 지력을 겨우 회복하기 시작했습니다.

'이 땅이 정녕 이스르엘 계곡이 맞나요?'

그 땅은 쇠약해질 대로 쇠약해져 있었습니다. 나무들은 휘어지고 구부러져 있었으며 잎과 과일이 말라 버려서 앙상했습니다. 밭에는 고르지 못한 돌들로 가득했고, 기경을 해 보려다 포기하고 만 흔적들이 남아 있었습니다. 저는 마지막으로 남은 말라비틀어진 콩 꼬투리나, 지난번에 추수하고 남은 곡식을 두고 싸우며, 자신들의 주린 새끼들에게 무엇이라도 먹여 보려고 먹을 것을 찾아 빈 집과 농장을 터벅 터벅 걸어 다니는 동물들을 볼 수 있었습니다.

동네 진입로의 노두(路頭)에 오르자 드디어 수넴이 보이기 시작했습니다. 그 땅이 회복 중에 있다는 것을 확연히 알 수 있었습니다. 농부들이 밭을 갈고 있는 것이 멀리서 보였습니다. 그런데 가까이 갈수록 그 밭 모양이 전과 달라 보여 혼란스러웠습니다. 우리의 포도밭 쪽을 보았을 때 누군가 사람이 있다는 것을 알았습니다. 저는 가슴이 뛰었습니다. 사람들이 일하고 있었습니다. 그런데 과연 누구의 일꾼들일까요?

저는 우리 집 경내는 어떨까 싶어 몸이 다 떨렸습니다. 유랑하는 사람들이 우리 집에 들어와서 살며 마음대로 사용한 것은 아닐까요?

우리는 거의 다 와서 조심스럽게 다가갔습니다. 하인들은 저를 따르고 있었습니다. 제가 생각했던 그런 기분 좋은 귀향은 아니었습니다. 군사들이 길을 막고 서 있었습니다. 우리 집 문 앞에서 우리는 멈춰 서야 했습니다.

"거기, 멈춰!" 왕의 군사들이 날카롭게 소리를 질렀습니다.

"여기는 왕의 땅이다. 누구를 찾느냐?"

'왕의 땅이란 말인가!'

"이 집은 욕단의 집이고, 옆에 붙어 있는 집은 우리 아버지의 집입니다. 저는 7년 만에 상속자를 데리고 돌아왔습니다."

"대장을 모셔 와라." 문을 지키고 있던 초병이 여전히 우리를 막고 서 있으면서 그 뒤에 있는 병사들에게 외쳤습니다. "이 여인네가 이 집이 자기 집이라고 합니다." 그는 저에게 말했습니다. "당신은 이 안쪽으로 들어와 기다리십시오. 다른 사람들은 밖에서 기다려야 합니다. 누가 상속자입니까?"

내가 말하기도 전에 하박국이 대답했습니다. "접니다." 아들은 제 곁에서 저를 보호하려는 듯이 똑바로 섰습니다.

우리 둘은 문지방을 넘어 저의 정원으로 들어갔는데, 처음 보는 사람들로 가득했습니다.

문 안쪽으로는 마구를 채운 말들이 있었고, 사람들은 공터에서 앉아 있거나 서 있거나 혹은 자고 있었습니다. 정원 여기저기에 그들의 무기와 갑옷 등이 쌓여 있었습니다. 구덩이를 파 불을 지펴 놓았으며, 두 사람이 거기에 쪼그려 앉아 있었습니다. 안에 무엇이 들어 있는지는 알 수 없지만 그들의 시선은 불 위에 걸어 둔 솥단지를 지켜보고 있었습니다.

우리의 아름답고 고귀한 집이 점령군들의 진영이 되어 버렸습니다.

"오늘 밤은 이 정원에서 잘 수 있지만 내일 아침에는 다른 곳을 찾아봐야 할 것이오." 그들의 대장이 우리에게 말했습니다.

저는 말을 할 수 없었습니다. 제가 돌아온 집이 우리 집이 아니라니요? 하박국의 재산이 강탈당한 것입니다. 우리의 안전 또한 보장받을 수 없게 된 것입니다.

저는 호소에 호소를 거듭했지만 대장은 어깨만 으쓱하며 왕에게 탄원해 보라고만 했습니다.

일단 아는 친척의 도움으로 재정착을 한 다음에 저는 재산을 되찾아야겠다고 마음먹었습니다. 저는 한 번도 상상해 보지 못한 일이었지만 집에 돌아오니 저와 하박국이 요람 왕의 궁정에 서야만 했습니다.

우리는 먼저 청원서를 내고 유명한 상아 궁전으로 들어갔습니다. 궁 입구의 주랑(柱廊, 기둥들 위에 지붕만 얹은 복도) 안으로 들어가니 뜨거운 태양 빛에 있을 때보다 시원해서 좋았습니다. 야자수를 본떠 만든 것 같은 기둥들이 숲을 이루고 있었습니다. 벽과 기둥의 밑에는 이집트의 문양들이 장식되어 있었습니다.

저는 여왕 이세벨의 영향 때문일 것이라고 생각했습니다. 저는 궁 안에서 부족함과 격핍된 모습을 보기리고는 싱싱도 하시 못했습니다. 그런데 주랑(柱廊)에는 왕을 알현하고자 하는 사람들이 진을 치고 있었습니다. 궁에서 일하는 시종들과 군인들, 그리고 나이 든 공의회 사람들도 몇 명 있었습니다. 하박국과 저는 다양한 문제를 가지고 왕에게 호소하고자 온 사람들 사이에 앉아 있었습니다. 그런데 전령이 뛰어오더니 우리에게 빨리 오라는 손짓을 했습니다. 이틀씩이나 기다린 사람들도 있었는데, 불공평한 것 같아 미안하기까지 했습니다.

왕의 전령을 좇아 복도를 걸어가자 우리의 발자국 소리가 울렸습니다. 우리는 계단을 올라가 왕의 접견실이 있는 2층으로 올라갈 때, 저는 용기를 내어 적절한 말을 할 수 있게 해 달라고 기도했습니다.

드디어 우리는 접견실에 들어갔는데, 주랑(柱廊)보다는 덜했지만 그곳에도 사람들이 꽉 차 있었습니다. 저는 그 사람들은 몇몇 지방에서 온 장로들과 장군들, 그리고 왕과 같이 식사할 수 있도록 초대받은 귀족들의 아내일 것이라고 짐작했습니다. 사람들이 오고 가고 있었는데, 모두 그곳에 있는 것이 익숙해 보였습니다. 어떤 사람들은 직업적으로 일을 하고 있는 것처럼 보였습니다. 왕의 시종이 제 안건을 서기관에게 가져갔고, 하박국과 저는 그들 사이에서 차례를 기다렸습니다.

저는 거기에 있는 사람들이 어떤 사람의 이야기를 아주 흥미롭게 듣고 있다는 것을 알게 되었습니다. 사람들의 모든 눈이 몸짓을 하며 말하고 있는 어떤 사람에게 집중되어 있었습니다. 그런데 그 장면과 소리가 낯설지 않았습니다. 특별히 그의 목소리가 저의 주의를 끌었습니다. 이상하지만 정말 친숙한 목소리였습니다. 구경꾼들 사이로 저는 긴장한 채 그를 보았는데, 그는 마치 나병 환자처럼 끈을 동여매고 있었습니다. 저는 순간적으로 그가 누구인지 알게 되었습니다. 바로 게하시였습니다!

그런데 그가 언제 나병에 걸렸을까요? 그가 왕 앞에서 지금 무엇을 하고 있는 것일까요? 그의 주인은 어디에 계신 것일까요?

저는 이 배교자 왕의 통치 밑에서 엘리사 선지자의 안전을 늘 걱정해 왔었는데, 최악의 경우가 일어났던 것은 아니겠지요?

게하시가 눈에 들어오고 나니 그가 말하고 있는 내용도 귀에 들어오기 시작했습니다. 게하시는 제가 잘 알고 있는 이야기를 아주 신나게 이야기하고 있었습니다. 그는 바로 저에 대해 이야기하고 있었습니다. 제가 에스드라엘론(Esdraelon) 평원을 지나 어떻게 자신의 옛 스승 발 앞에 쓰러져 그의 발을 붙들었는지에 대해 설명하고 있었습니다. 그 다음에 자신이 엘리사의 지팡이를 들고 우리 집으로 우리보다 먼저 달려온 것에 대해 이야기했습니다.

왕은 얼굴에 미소를 머금은 채 의자에 느긋하게 앉아 있었습니다.

제 생각에 요람왕은 시선을 사로잡는 외모를 가진 사람일 줄 알았는데, 너무나도 평범하게 생겨 오히려 당황스러웠습니다. 그러나 그 옆에 정말 도드라지게 눈에 띄는 한 사람이 있었습니다.

제가 어렸을 때부터 들어왔던 그 여왕은 정말 놀랄 만큼 아름다웠습니다. 마치 어떤 조각가가 흙을 아름답게 빚어 도자기를 구워낸 다음 페니키아의 색깔들로 채색한 것 같았습니다. 그녀는 키가 컸고, 또한 아주 바른 자세로 앉아 있었습니다. 나이를 가늠하기가 거의 불가능했지만, 적어도 저보다 제 나이의 반 정도는 더 많다고 들은 것 같습니다.

여왕은 이집트의 콜(kohl) 화장먹(안티몬 분말로 아랍 여인 등이 눈가를 검게 칠하는 데 썼음-역자 주)을 기본으로 해서 에메랄드 색을 써 눈 화장을 했고, 페니키아 옷을 입고 있었습니다. 한쪽 어깨를 드러내고 금띠를 둘렀는데, 그 값은 노동자의 일 년치 삯 정도 되는 것이었습니다. 머리에는 두건을 써서 머리 모양을 말끔하게 정리했습니다. 그녀는 자신의 아들 옆에 앉아 있지 않고 훨씬 더 높은 의자 위에 앉아 있었다고 해도 과언이 아닐 정도의 분위기를 풍기고 있었습니다. 그녀의 표정은 아주 자부심이 넘치고 차가워 보였습니다.

'이세벨, 그 악명 높은 살인자!' 저는 제 마음속으로 쉐마를 외우며 하박국의 손을 잡았습니다. 게하시는 계속 이야기하고 있었습니다. 장면 장면들을 아주 상세하게 묘사하여, 관중들이 매우 즐거워했습니다. 그는 마치 궁정의 어릿광대가 된 것 같았습니다. 주변 사람들이 모두 그의 이야기와 몸짓에 집중했습니다. 마치 모르는 사람들은 그가 바로 아이를 다시 살려낸 장본인으로 알 것 같았습니다.

하박국은 다리를 꼰 채 이야기를 듣고 있었습니다.

"그 여인이 와서 아들을 받아 들고 하늘 위로 들어 올렸습니다"라고 게하시가 말했습니다. 사람들은 탄성을 지르며 박수를 쳤습니다.

"그러고 나서 선지자가 여인에게 '가뭄이 올 것이다'라고 말해 주었습니다."

거기 모여 있던 사람들은 다 같이 탄식했습니다. 그 사람들은 지난 칠 년 동안의 가뭄을 겪지 않았던가요?

여왕은 여전히 냉정해 보였지만 그래도 가만히 미소를 지었습니다.

"그 귀족 여인은 지금 어디 있느냐?" 요람 왕이 정적을 깼습니다. "그 소년은 어디 있느냐? 그들은 아직도 수넴에 살고 있느냐?"

저는 게하시가 대답하기 전에 말하려고 사람들 사이를 헤집고 앞으로 나갔습니다. "여기 있습니다. 왕이시여! 제가 바로 그 여인입니다. 당신의 종이 이야기한 수넴 여인이 바로 저입니다. 이 아이가 바로 제 아들입니다. 죽었다가 살아난 그 아이 말입니다."

제 안에서 피가 솟구치는 것 같았습니다. 제 가슴이 세차게 뛰었습니다.

그곳에 있던 사람들이 모두 흥분했습니다.

"정말입니다. 수넴 여인이네요! 맞습니다. 그 아들입니다!" 게하시가 소리쳤습니다. 그의 얼굴을 가린 붕대 사이로 그의 입이 양쪽 귀에 걸릴 정도로 환호하고 있다는 것을 알 수 있었습니다. 저는 그가 우리를 향해 달려올 것이라고 생각했습니다.

왕은 우리 가까이에 있던 시종들에게 손으로 표시했습니다. 순간적으로 그들은 저의 팔을 붙잡고 앞으로 끌어내다시피 했습니다. 제 손을 여전히 잡고 있던 하박국은 뒤로 쳐졌습니다.

"그 수넴 여인을 이리로 데리고 오라. 그녀를 직접 보고 이야기를 들어야겠다. 그녀를 이리로 데리고 오라." 요람 왕이 소리쳤습니다. "이 여인이 맞느냐?" 왕이 게하시에게 물었습니다.

저의 옛날 손님이 손을 들었습니다. "예, 그렇습니다. 폐하!" 게하시도 놀란 채 힘차게 대답했습니다. "제가 좀 전에 이야기해 드린 그 여인입니다. 폐하! 바로 수넴에 사는 그 귀족 여인입니다!"

왕좌에 앉아 있던 요람 왕과 그 어머니는 몸을 앞으로 기울여 저와 하박국을 쳐다보았습니다. "수넴 여인이여, 이리 더 가까이 오라." 왕은 앞으로 오라고 저에게 손짓을 했습니다. "그리고 거기 그 소년도 내가 잘 볼 수 있도록 이리 가까이 오라."

제 아들과 저는 마치 동물원의 동물이 된 것 같았습니다. "그러니까 바로 네 집에서 엘리사가 기적을 행했단 말이지, 그렇지?" 요람 왕이 말했습니다. 그는 앞으로 더욱 몸을 기울여 저의 눈을 직접 쳐다보았습니다.

"예, 폐하!" 저는 그의 보좌 앞에서 절을 했습니다.

"그러니까 이 여인네의 아들을 엘리사가 살렸단 말이냐?" 이세벨이 말했습니다. 그녀의 목소리는 우리 주변의 다른 소리들을 다 먹어 버렸습니다. 그녀의 목소리는 사실을 확인하려고 한 것이라기보다 무엇인가 억제하려는 듯한 목소리였습니다. 그녀는 아주 흥미롭다는 듯이 저의 얼굴과 몸 여기저기를 훑어보았습니다. 그녀가 눈을 돌려 하박국의 요모조모를 살펴보자, 저는 아들의 손을 잡고 궁에서 빠져나가고 싶어졌습니다.

그런데 하박국은 그런 것을 오히려 즐기는 것 같았습니다. 그는 자신을 쳐다보는 이세벨을 지켜보고 있었습니다.

거기서 이세벨 모자(母子)와 저의 모자(母子)는 서로 얼굴을 맞대고 쳐다보고 있었습니다. 바알의 대제사장의 딸이 이스라엘의 왕과 함께 있었고, 이스라엘의 하나님의 딸이 귀족의 상속자와 함께 있었습니다. 보좌에 앉은 두 사람은 참으로 부유하여 그들 인생의 모든 것이 다 안전한 것처럼 보인 반면, 그들 앞에 있던 우리 두 사람은 하나님을 향한 믿음 외에는 아무것도 가진 것이 없었습니다.

왕의 요청으로 저는 떨리는 목소리로 여호와 하나님이 엘리사를 통해 제 인생에 어떤 기적들을 행하셨는지를 이야기했습니다. 제가 엘리사에 대해 이야기할 때마다 여왕의 눈초리는 돌멩이처럼 딱딱하게 굳어졌습니다. 그 모습을 보자 저는 엘리사 선지자가 아직 살아 있으며, 여전히 그녀와 대적하고 있다는 사실을 알 수 있었습니다. 저는 엘리사를 다시 한 번 만나고 싶었습니다. 저는 속으로 웃음을 지으며 우리 이야기를 더욱 담대하게 전했습니다. 또한 우리가 여기에 온 이유를 어떻게 말하면 좋을까를 내심 고민하고 있었습니다.

왕은 하박국에게 이런저런 질문을 했는데, 저 세상의 삶은 어떤지, 혹 정말 사후 세계에 불과 유황으로 타는 불 못이 있는지를 알고 싶어하는 눈치였습니다. 마치 저의 아들이 그곳에서 유죄 선고를 받았던 것처럼 물어보았습니다.

그리고 요람 왕은 하바국에게 "더 하고 싶은 말은 없느냐?"라고 물었습니다. 그러자 하박국은 "예, 폐하! 저희는 우리 집과 농장을 되찾고 싶습니다"라고 말했습니다. 저는 그의 확신에 찬 말에 숨을 멈추었습니다. 아들은 계속해서 당당하게 말했습니다. "저는 저의 아버지의 땅을 이어받을 합법적인 상속자입니다. 폐하, 저는 제 어머니의 집을 받고 싶습니다."

그가 말할 때 제 마음이 뿌듯했습니다. 저는 희망을 갖고 있었지만 그래도 아들이 유산으로 받을 땅과 우리 집 문제는 왕의 처분에 맡길 수밖에 없다고 생각했었는데, 하박국이 우리 집과 땅을 당당하게 요구하다니요! 제 아들은 커서 어떤 사람이 될까요?

요람 왕은 접견실의 한구석에 조용히 앉아 가끔 우리를 신기하게 쳐다보며 지금까지 왕과 우리의 이야기를 적고 있던 서기관에게로 몸을 돌렸습니다.

"칙서를 내릴 것이다. 옥새를 가지고 오라." 요람 왕이 신하들에게 명령했습니다.

모인 사람들이 모두 큰 관심을 갖고 지켜보고 있었습니다. 그들은 왕이 무슨 칙서를 내릴까 궁금해하며 떨고 있는 제 모습을 보았을까요? 왕의 대적자요, 이스라엘이 고통당했던 기근을 시작하게 하고 또 끝나게 했던 선지자를 후원했던 한 여인과 그의 아들의 운명은 과연 어떻게 될까요?

"적어라!" 요람 왕이 서기관에게 큰 소리로 말했습니다. "왕의 군대의 사령관에게! 이스라엘의 주권자의 명에 의해 오늘부로 수넴 여인과 그 아들은…."

저는 순간 멈칫했습니다. 그 다음 말이 우리의 운명을 좌우할 것이기 때문입니다. 저는 돌처럼 굳어 있었습니다.

요람 왕은 그의 손을 들더니 이렇게 말했습니다. "그들의 전 재산을 돌려받게 될 것이다. 나의 이름을 적고 옥새를 찍으라."

게하시의 눈과 저의 눈이 마주쳤습니다. 그 또한 저만큼이나 놀란 것 같았습니다. 제가 나타나 게하시의 말이 더 신뢰를 얻게 되었습니다. 그리고 게하시 덕분에 제 청원이 윤허받을 기회가 생겼던 것입니다. 저는 게하시와 제가 같이 경험한 그 일들을 돌이켜 보며 그에게 목례를 했습니다. 우리는 같이 이스라엘의 하나님께 놀랐습니다.

"그래, 블레셋 땅에 있었다고?" 서기관이 칙서를 만들고 있는 동안 왕이 저에게 물었습니다.

"예, 그렇습니다. 폐하!"

"그곳은 어떻더냐?"

"이스라엘만큼 좋지 못합니다. 폐하! 수넴만도 못했습니다."

"수넴 여인이여, 거기서 얼마나 지냈느냐?" 요람 왕이 물었습니다.

"만 칠 년 동안 있었습니다." 제가 대답했습니다.

이세벨이 미소 지으며 조용한 어조로 말했습니다. "참으로 놀라운 신의 섭리로구나!" 그녀의 엷게 화장한 입술 사이로 그녀의 하얀 이가 부드럽게 반짝였습니다. "그 기간 동안 여기서는 내내 가물었었지."

요람 왕이 웃었습니다. 그리고 다음과 같이 말했습니다.

"네 행운은 여기서도 계속되는구나. 고귀한 여인이여! 그동안 내가 너의 땅과 집을 쓴 것에 대한 돈을 지불하겠다." 그는 사령관을 자기 옆으로 부르더니 다음과 같이 명령했습니다. "왕의 재정 담당이 지난 칠 년 동안 이 여인의 집과 땅을 사용한 대가를 지불해 줄 것이다. 그리고 너는 병사들을 시켜 이 여인과 그 아들을 수넴의 집까지 잘 모시도록 하라. 또한 이들이 받을 칠 년치의 대가를 지불하도록 하라."

'우리 땅과 집, 그리고 칠 년 동안의 사용료를 받게 되다니!'

그곳에 있던 사람들 모두 박수를 치며 왕의 관대함과 정의에 대해 한마디씩 거들었습니다. 장군이 왕의 명을 받아 수행하려고 왕께 경의를 표할 때 저는 앞에 별이 보이는 것 같았고, 다리가 덜덜 떨려 제대로 서 있기도 힘들었습니다. 하나님이 행하신 첫 번째 기적은 두 번째 기적을 낳았고, 이제는 세 번째 기적까지 낳았습니다. 하나님은 우리가 전에 잃었던 모든 것을 회복시켜 주셨습니다. 제가 품었던 아들은 자신의 유산을 품게 되었습니다. 우리는 왕이 지불해 줄 그 돈을 가지고 가서 우리 집과 땅이 가장 좋았던 때만큼 회복시킬 계획을 세웠습니다.

'욕단이 살아 있었으면…' 하고 얼마나 바랐는지 모릅니다. 욕단이 그걸 봤어야 했습니다.

우리 아들은 한 번 더 말했습니다. 그의 어깨를 바로 세우더니 마치 아버지가 그에게 남긴 것들에 대한 책임을 다하겠다는 듯이, 감사 인사를 드렸습니다. "감사드립니다. 폐하!" 그리고 그는 여왕께도 감사를 표했습니다. "감사합니다. 여왕님!"

그리고 저를 보며 말했습니다. "어머니, 이제 집에 가시죠!"

―・―

엘리사가 우리가 왔다는 이야기를 듣게 되면 수일 내에 수넴에 올 것입니다. 그는 우리가 그를 위해 만든 옥상 위의 방, 곧 기적의 방에서 지내게 되겠지요. 우리는 그동안 있었던 일들을 서로 나눌 것입니다. 엘리사는 하바국이 자라가는 모습을 지켜보다가 언젠가는 그가 결혼할 때 주례도 맡아 주시겠지요. 저는 손자, 손녀들을 볼 것입니다.

그해에 요람 왕은 엘리사가 예언한 대로 예후에 의해 죽게 될 것입니다. 그는 아합 왕이 나봇에게서 강탈했던 바로 그 포도밭에서 죽게 될 것입니다. 이세벨도 마찬가지로 최후를 맞이할 것이고, 유다로 시집갔던 그의 딸도 그렇게 될 것입니다. 곧 사람들은 바알로부터 돌이켜 다시 이스라엘의 하나님께로 돌이킬 것입니다.

한때 하나님의 종을 위해 옥상에 방을 만들었던 그 수넴의 집은 세대와 세대를 거쳐 후손들이 살게 될 것입니다. 우리는 주님께 기름 부음 받은 자를 모셨습니다. 그리고 주님은 우리의 그 환대를 갚아 주셨습니다. 우리는 하나님의 선지자가 와서 편히 쉴 수 있도록 안전한 장소를 제공했는데, 하나님은 저의 불임을 고쳐 주셨습니다. 우리는 그 선지자를 섬기는 삶을 살았는데, 하나님은 그의 생명의 숨결을 보내셔서 우리 아들을 죽음 가운데서 일으키셨습니다. 우리는 그 선지자를 위해 식탁을 차렸었는데, 하나님은 가뭄 기간 동안 원수들 가운데서 저희를 먹이시고 입히셨습니다. 우리는 하나님의 선지자를 명예롭게 여기고 존경했었는데, 하나님은 우리를 왕 앞에서 명예롭게 세워 주셨습니다.

우리는 그분을 위해 방을 만들었습니다. 그리고 그분은 우리를 위해 기적을 행하셨습니다.

이제 우리는 들으며…

이런 우연이 어디 있는가! 수넴 여인이 칠 년 만에 돌아와 궁에 갔을 때, 게하시가 왕에게 수넴 여인의 기적에 대해 이야기하고 있었다. 왕은 이제 열두 살이나 열세 살 정도 되었을 소년을 보며, "이 아이가 오랫동안 불임이었던 여인의 배속에서 창조되었다가 죽음에서 일어났단 말이지. 좋다. 여기 네가 상속할 재산이 있다. 집과 땅을 다시 가져가거라. 그런데, 참, 지난 칠 년간의 사용료도 내가 지불해 주겠다"라는 말 말고 도대체 무슨 말을 할 수 있었겠는가?

하나님이 임재하실 수 있는 방을 만들면 기적이 일어날 수 있다는 것을 이제 알겠는가? 그녀는 아이를 갖지 못했었다…. 그녀의 하나밖에 없는 아들은 죽었었다. 대가뭄을 맞았었다…. 그녀의 재산이 다 징발 당했었다. 그러나 그녀의 모든 필요는 채워졌다.

우리는 종종 지금 당하고 있는 어려움에 초점을 맞춘 채, "나는 돌파구가 필요해"라고 말하곤 한다. 그렇지만 주님은 우리가 좀 더 다른 어떤 깊은 것들을 더 많이 알게 되기를 원하신다. 그렇다! 그분도 우리가 기적을 맛보길 원하신다. 그러나 거기서 멈춘다면 우리는 중요한 것을 놓치게 된다. 우리가 주님이 임재하시도록 방을 만들어 놓으면, 길르앗의 향유 되신 하나님이 모든 필요를 채우고 넘치는 부활의 영광을 가져다주신다. 영광을 소유한 자로서 우리는 하나의 기적이 또 다른 많은 기적들을 낳는 씨앗이 된다는 사실을 것을 알게 된다. 다음의 글을 한번 따라 읽어 보라. "하나님이 주시는 기적은 너무나 멋진 것이라서, 각각 그 안에 또 다른 기적을 낳을 생명의 씨앗을 포함하고 있다."

이것은 정말 중요한 성경적 원리이다. 우리가 하나님이 우리에게 주시는 것들에 신실하다면, 하나님은 종종 우리에게 넘치도록 채워 주신다. 예수님과 더 많이 교제할수록, 당신은 기저을 일으키는 능력에 더 초점을 맞추게 될 것이다. 그것은 다른 은사들과도 마찬가지이다. '나는 지식의 말씀이 필요해'라고 생각하지 말라. 그것은 바로 거기에 있다. 분별력과 예언의 말씀, 그리고 지식의 말씀을 주시는 분이 한 분이듯이 그 하나님은 한 기적에 국한되지 않으신다.

더 높이 올라가라

수넴 여인은 가능성의 영역으로 걸어 들어갔다. 그녀는 매번 새로운 폭풍우에 쓰러지지 않았다. 그녀의 전체 이야기 중 본 장(章)에 해당되는 이야기만 살펴보면, 그녀는 칠 년 만에 집에 돌아왔는데, 자기의 재산이 다른 사람들에 의해 강탈된 것을 알게 되었다. 낯선 사람들이 자신의 집에서 살며 자신의 땅을 갈고 있었다. 그들이 그녀에게 무엇이라고 말했는가? "왕에게나 가 보시오"라고 하지 않았는가?

이 이야기는 우리에게 무슨 말을 하고 있는가? '더 높이 올라가라.'

더 높이 올라가라는 것은 무엇을 뜻하는가? 이것은 더 복잡하거나, 더 어렵거나, 혹은 더 천상에 속한 것을 알아야 한다는 것이 아니다. 이것은 신비한 지식을 알게 되는 것이 아니다. 이것은 진정으로 기름 부음 받은 소수의 사람들만 얻을 수 있는 것이 아니다. 하나님 안에서 더 높이 올라갈수록, 오히려 더 단순해진다. 기름 부음이란 어린 아이들도 이해할 수 있을 만큼 쉬운 것이다.

이 세대의 교회 가운데 하나님은 갑절의 기름 부음을 주고 계신다. 사도 요한은 요한계시록에서 새로운 것을 보았다고 했다. 요한을 부른 메시지는 이것이었다. "이리 오라. 더 높이 오라. 내가 너에게 무엇인가를 보일 것이다." 자, 이제 우리는 사역을 통해 교회를 준비시켜 다음 단계로 나아갈 때이다.

이 세대의 교회는 엘리사의 시대이다. 엘리사는 그의 스승이었던 엘리야보다 갑절의 능력을 요구하여 받았었다. 그처럼 우리도 예수님으로부터 갑절의 기름 부음을 받았기에 엘리사가 그랬던 것처럼 죽은 것들 위에 생명의 말씀을 주입시킬 수 있는 것이다. 예수님은 우리에게 이 세상에 나가 복음을 전파하라고 하셨다. 당신은 말씀을 들고 가는 그분의 특사(特使)이다. 그분의 말씀은 불모지를 변화시켜 열매를 맺게 하며 죽은 것들을 소생시키신다. 그분은 당신이 그 갑절의 기름 부음을 담고, 또한 그것을 전하는 그릇이 되기를 원하신다.

주의 성령이 계신 곳에 자유가 있고 축복이 있다. 당신의 자녀들은 집으로 돌아올 것이고, 당신의 빚은 다 청산될 것이다. 성경에 나오는 희년(禧年)과 같을 것이다. 많은 나라들이 자신들의 나라를 회복시켜 주실 주님을 필요로 하고 있다. 어찌 보면 우리가 회개를 통해 부흥을 구하고 있지 않다면, 우리의 자녀들은 채무의 노예가 되고, 그 세대에는 윤리와 도덕이 상실될 것이며, 희망을 갖지 못하게 될 것이다. 이 갑절의 기름 부음을 지켜내지 못하고 그것을 거절하며 다른 신들에게로 가는 자들은 시들어 갈 것이다. 그들은 신체적으로, 경제적으로 또 사회적으로 열매 맺지 못하는 불모지가 될 것이다.

갑절의 기름 부음이 환영받지 못하는 곳에는 억압만이 판을 치게 된다. 서구의 나라들은 이미 이런 현상을 보고 있다. 그러나 치료책이 있다. 우리가 예수님의 이름을 믿고 거룩한 성령 하나님이 거하실 방을 우리 마음 가운데 만든다면, 그곳에는 언제나 부활과 회복의 역사가 있게 될 것이다. 우리는 기적 위에 또 다른 기적들을 경험하게 될 것이다.

기적 위의 또 다른 기적들

바로 몇 주 전에, 나(마헤쉬, Mahesh)는 아주 친하게 지내는 목사로부터 절망스러운 전화를 한 통 받았다. 그의 교회에 있는 한 여학생이 생명의 위기에 처했다고 했다. 그녀는 간에 병이 생겨 죽어 가고 있었다. 간이식만이 살 길이었지만 그것도 요원한 일이었다. 그는 이 아이를 위한 하나님의 말씀을 들어서, 그 말씀을 전해 줄 수 있겠느냐고 물었다.

중보기도를 하면서 나는 그녀를 사랑하는 가족들과 목사님 대신

'쉐키나'(shekinah), 곧 하나님의 영광 가운데 들어갔다. 영광이 빽빽하게 임하셨는데 마치 거의 수증기 같았다. 예수님의 보혈을 통해 우리는 갑절의 기름 부음 가운데 들어갈 수 있다. 가끔 우리는 어려움에 처하게 되는데, 현상을 타파하라고 하나님은 우리를 그 자리에 두시기도 한다. 우리는 그 하나님의 임재 가운데 들어가 그 영광의 진동을 우리 삶의 그 어려운 현장으로 가져올 수 있는 것이다.

나는 그렇게 그 영역으로 들어가 거기에 거했다. 내 생각으로는 26시간 정도 있었다. 나에게는 여전히 처리해야 할 일들이 있었지만 내 영은 하늘의 일에 참여하고 있었다. 나는 하나님과 교제하면서, 그분의 임재를 높이고 그 귀한 소녀의 문제를 주님의 보좌 앞에 가지고 나갔다. 갑자기 나는 일어났고, 내가 그 임재로부터 나왔을 때는 주님이 나와 함께하셨다. 나는 그분의 음성을 들었다. "다 이루었다. 그들에게 전화를 걸어라." 나는 수화기를 들고 그 목사님에게 전화를 걸어 다음과 같이 말했다. "다 되었네. 주님이 말씀하시기를 이제 위기에서 벗어날 것이라고 하셨네."

그 다음 날, 의사가 그 가족들에게 말했다. "이건 기적입니다. 우리는 무엇이 변한 건지 알지 못하지만, 분명한 것은 살게 된다는 것입니다. 이제 간을 이식할 필요가 없습니다."

기적 위의 또 다른 기적들을 설명해 줄 수 있는 이야기가 있다. 내가 영광의 영역에서 돌아왔을 때, 나는 그녀가 치유될 것에 대한 말씀만 받은 것이 아니라, 그녀의 인생을 향한 하나님의 목적에 대한 말씀도 받았었다. 나는 그녀의 어머니에게 그녀의 딸의 미래에 대해 하나님이 보여 주신 것을 말해 주면서 그녀에게 전해 주라고 했다. 이 아이는 그동안 많이 혼란스러웠다. 영혼의 위기를 맞고 있었던 것이다. 그 영광 가운데 하나님은 그 아이의 인생을 규정해 주셨고, 그 목적을 말씀해 주셨다. 그래서 나는 "이런저런 것이 그 아이의 미래입니다"라고 말해 줄 수 있었다.

우리는 의사들을 귀하게 여긴다. 그들은 우리의 친구이지 적이 아니다. 그러나 의사들이 자신들의 진단을 확신하며 말한다고 해서 주눅 들거나 그대로 믿을 필요는 없다. 당신은 그 현실을 타파하며, 영적인 분위기를 바꾸라고 그 병에 걸린 것이다. 우리가 예수 그리스도를 믿는다면, 우리는 성령님의 임재를 통해 그분의 쉐키나(shekinah), 곧 영광 가운데서 모든 것을 변화시킬 수 있다.

그렇기 때문에 우리는 단지 하나의 기적, 곧 치유만을 위한 것이 아니라 기적 위에 또 다른 기적들을 위해 그 영역에 들어가는 것이다. 한나의 이야기가 바로 그것이다. 그녀는 한 아이를 위해 기도했지만 하나님은 그녀를 위해 더 많이 주셨다.

우리는 가끔 "주님, 저의 이 영역을 고쳐 주세요"라고 기도하지만, 하나님은 우리가 그 첫 단계를 넘어 두 번째, 세 번째, 네 번째, 다섯 번째, 아니 계속해서 다음 단계로 나아가길 원하신다. 하나님은 불임이었던 한나의 기도 응답으로 자녀를 주셨을 뿐만 아니라 이스라엘에게 한 선지자, 곧 사무엘을 주시기 원하셨던 것이다. 그의 기적의 아이를 통해 나라 전체가 축복을 받았다. 그녀 안에 있었던 믿음의 씨 하나가 말 그대로 수백 개의 기적을 낳는 씨앗이 되었다.

그리고 또 마리아를 생각해 보라. 예수님을 잉태하게 된 것은 기적이었지만, 그것 또한 기적 위의 기적이었다. 그 아이를 통해 당대에 일어났고, 그 이후에 일어났던 모든 기적을 누가 계산할 수 있으며, 또 어느 곳에 기록할 수 있었겠는가!

어떠한 말씀이든지 그 말씀을 붙들고, 그 안에 흠뻑 빠져라. 예를 들어 "나는 너를 고치는 하나님이라"는 말씀을 들었다고 하자. 이 말씀 안에는 온 우주가 들어 있다. 당신이 그 말씀을 받았다면 그 말씀 안에서 고치지 못할 병이 없다. 당뇨병, 반신불수, 자폐증, 온갖 종류의 암도 다 그 말씀 안에서 치유되는 것이다. 교회는 하나님의 말씀을 다시 존중해야 한다.

우리가 기도할 때 하나님은 우리의 문제에 즉각적으로 응답하기 원하신다. 또한 그 기도에 대한 응답으로 하나님 나라의 필요들을 채우기 원하신다. 그분은 우리에게 기적 위에 또 다른 기적들을 주기 원하신다. 우리 모두는 하나님 왕국의 대사(大使)들이다.

우리는 그분의 임재 가운데 들어가 그분의 영광을 이 땅 가운데 진동시켜 모든 현상들을 바꿀 수 있다. 더 큰 비전을 갖게 해 달라고 하나님께 간구하라. 당신은 어려움을 통해 연단받은 다음에 전보다 더 나은 사람이 될 수 있다. 그 전보다 훨씬 더 많은 기름 부음을 경험할 수 있다. 하나님의 영광 가운데 거하라. 하나님은 당신을 영광에서 또 다른 영광으로 옮기기를 원하신다.

영광의 능력

당신이 하나님을 더 사랑할수록, 당신은 주님의 영광을 더 많이 맛보게 될 것이다. 당신이 예수님을 사랑하고 경배하여 더 친밀해질수록 성령의 기름 부음으로 맛보는 하나님의 영광은 당신의 삶 가운데 더욱더 그 밀도가 높아질 것이다. 더 빽빽한 영광 안에 들어가게 된다. 그 영광 가운데는 하나님의 숨결을 에너지로 삼는 능력이 있다. 그 능력은 당신의 깊은 곳이 하나님의 깊은 곳과 어떻게 연결되느냐에 달려 있다. 당신이 그 능력을 받는다면, 깊음은 깊음을 부르고, 그 깊음들이 만날 때 기적이 폭발적으로 일어나는 것이다. 우리가 주님의 영광을 보면 우리는 영광에서 영광으로 변화받게 된다. 하나님은 우리를 성화시키신다. 그분은 우리가 어디 있든지 간에 한 단계에서 다음 단계의 영광으로 옮아가게 하신다.

이때가 바로 기적이 일어나는 때이다. 당신은 그 능력을 어떤 사람이나 어떤 사건에 명령할 수 있다. 심지어 동물에게도 명령할 수 있다. 기적적인 일들이 일어나는 것을 우리는 그동안 봐 왔다. 기름 부음이 있다면 당신은 당당하게 명령할 수 있다. 당신이 예수님을 더욱 사랑한다면, 이 영광은 그 밀도를 높여 갈 것이다.

영광의 한 비밀은 하나님의 명예를 존중하는 것이다. 성경은 하나님이 받을 명예를 존중하는 것을 '하나님을 경외하는 것'이라고 가르치고 있다. 우리는 하나님을 영광의 왕으로 존중한다. 우리는 그분을 사랑한다. 우리는 그분을 경배하며 그분과 친밀해진다. 그분은 우리가 가장 존경하는 신뢰할 만한 친구인 동시에, 또한 왕 중의 왕이시다. 그분은 우리와 동행하시지만, 그렇다고 우리와 같은 분은 아니시다. 시편 34편 11절을 보면, "젊은이들아, 와서 내 말을 들어라. 주님을 경외하는 길을 너희에게 가르쳐 주겠다"라고 노래하고 있다. 하나님이 하나님의 말씀을 듣는 자들에게 첫 번째로 가르치시는 것이 바로 그분을 존중하고 경외하는 법이다.

오늘날은 어떤 것을 존중해야 한다는 것조차 잃어버린 시대이다. 그러나 하나님의 기적이 일어나는 영광의 영역에 들어가고자 하는 자들은 두려움 가운데 하나님과 그분의 말씀, 그분의 임재와 그분의 사역을 붙드는 법을 배워야 한다. 경외함을 유지하는 것이 기적이 일어날 수 있는 분위기를 만드는 방법이다. 모든 것은 두려움으로 그분의 이름 앞에 굴복되어야 한다.

우리 마음 가운데 하나님을 왕으로 모실 때, 그분의 권위가 흘러내려와 우리 삶 주변에 가득 찬다. 이 세상의 끝이 가까이 왔다는 것을 믿는다면, 그리고 종말에 대한 성경의 예언 말씀들이 다 실현될 것을 믿는다면 우리는 부활하신 구세주시요, 그리스도시요, 메사아이시며 살아 계신 하나님이요, 영광의 왕이신 예수님이 곧 오신다는 것을 믿어야 한다.

이 믿음이 의미하는 것은 교회도 그 모든 영광 가운데 참여할 것이라는 사실이다. 왜냐하면 신랑이 흠도 없고 점도 없는 신부와 멍에를 같이 매려고 오실 것이기 때문이다. 영광의 왕이 오실 때, 그분의 신부도 똑같이 그 영광에 참여할 것이다. 우리가 바로 그 신부라는 사실을 우리가 확실히 인정한다면, 우리는 우리 마음 가운데 영광의 왕을 위한 방을 만들기 위해 더욱 노력할 것이다. 이 사실이 중요하다. 왜냐하면 지금은 교회가 모든 고통 가운데 처한 인류에게 답을 줘야 하는 때이기 때문이다. 우리는 이사야 60장 1-3절에서 알 수 있는 것처럼 열쇠를 갖게 될 것이다.

> 일어나라 빛을 발하라 이는 네 빛이 이르렀고 여호와의 영광이 네 위에 임하였음이니라 보라 어둠이 땅을 덮을 것이며 캄캄함이 만민을 가리려니와 오직 여호와께서 네 위에 임하실 것이며 그의 영광이 네 위에 나타나리니 나라들은 네 빛으로, 왕들은 비치는 네 광명으로 나아오리라.

이 말씀은 마지막 때의 교회를 위한 예언의 말씀이다. 어둠이 이 땅을 덮고 있다. 악한 것을 선한 것이라고 하고, 선한 것을 악한 것이라고 하는 사람들이 있다. 그러나 빛 가운데 행하는 사람들은 성령의 열매 안에서 자랄 것이요, 부활의 능력 안에서 살 것이며, 기적을 일으키는 촉매제가 될 것이다.

우리가 예수님을 닮아 가는 것으로 인해 하나님께 감사하라! 그분이 육(肉)과 영(靈)을, 거룩한 것과 불경스러운 것을, 그리고 빛과 어둠을 나누신 것으로 인해 하나님께 감사하라! 성령님은 생명의 숨결이시다. 성령님은 우리를 정결케 하신다. 성령님은 우리를 흠도 없고 점도 없는 신부로 만들기 위해서 서두르시고 우리를 재촉하신다. 우리는 그런 성령님을 환영하고 반긴다.

　우리가 어려움을 만날 때도 우리는 우리 마음 가운데 희망을 심어 주시는 하나님의 말씀을 받는다. 하나님의 약속이 깨진 것 같을 때도 우리는 생명의 기원자이신 그분께 매달린다. 이 땅에서의 손실이 우리를 압도할 때도 우리는 자신감을 가지고 영광의 왕을 바라본다. 우리는 하나님이 주시는 말씀을 붙들어야 한다. 심지어 그 말씀이 아주 작은 지시에 불과할지라도 그 말씀에 신실하게 순종해야 한다. 적절한 때가 되면 하나님의 기름 부음이 치유의 기적과 표적과 기사로 나타나, 우리를 통해 실현될 것이다.

　우리는 열린 문 앞에 서 있다. 예수님이 피를 흘리셔서 우리가 그분의 임재와 영광 가운데 기적의 장소로 나아갈 수 있게 되었다. 그의 피로 말미암아 아버지의 보좌로 나아가는 입구까지 새로운 생명의 길이 열렸다. 그 문을 힘차게 두드리라. 그리고 영광 안으로 들어가서, 그분이 당신의 집으로 오시도록 강청하라. 당신의 영혼에 하나님의 약속이 뿌리내리게 될 것이다.

　하나님이 오셔서 거하실 방을 마음속에 만들었다면, 하나님이 수넴 여인에게 그러셨던 것처럼, 말씀이신 하나님이 당신을 위한 기적을 가지고 내려오실 것이다. 그리고 더 많은 기적을 베풀어 주실 것이다!

Make Room For Your Miracle

순전한 나드 도서안내　　02-574-6702

No.	도서명	저자	정가
1	강력한 능력전도의 비결	체 안	11,000
2	광야에서의 승리〈개정판〉	존 비비어	10,000
3	교회, 그 연합의 비밀	프랜시스 프랜지팬	10,000
4	교회를 뒤흔드는 악령을 대적하라	프랜시스 프랜지팬	5,000
5	교회를 어지럽히는 험담의 악령을 추방하라	프랜시스 프랜지팬	5,000
6	그리스도인의 삶의 비결	진 에드워드	8,000
7	기름부으심	스미스 위글스워스	8,000
8	꿈을 통해 말씀하시는 하나님	헤피만 리플	10,000
9	날마다 하나님께로 더 가까이	존 비비어	13,000
10	내 백성을 자유케 하라	허철	10,000
11	내게 신선한 기름을 부으셨나이다	허철	9,000
12	내어드림	페늘롱	7,000
13	다가온 예언의 혁명	짐 골	13,000
14	다가올 전환	래리 랜돌프	9,000
15	당신도 예언할 수 있다	스티브 탐슨	12,000
16	당신은 예수님의 재림에 준비가 되어 있습니까?	메릴린 히키	13,000
17	당신은 치유받기 원하는가	체 안	8,000
18	당신의 기도에 영적 권위가 있습니까?	바바라 윈트로블	9,000
19	더 넓게 더 깊게	메릴린 앤드레스	13,000
20	동성애 치유될 수 있는가?	프랜시스 맥너트	7,000
21	두려움을 조장하는 악령을 물리치라	드니스 프랜지팬	5,000
22	마지막 시대에 악을 정복하는 법〈개정판〉	릭 조이너	9,000
23	마켓플레이스 크리스천〈개정판〉	로버트 프레이저	9,000
24	무시되어 온 축복의 통로	존 비비어	6,000
25	믿음으로 질병을 치유하라〈개정판〉	T.L. 오스본	20,000
26	부서트리고 무너트리는 기름 부으심	바바라 J. 요더	8,000
27	부자 하나님의 부자 자녀들	T.D 제이크	8,000
28	사도적 사역	릭 조이너	12,000
29	사랑하는 자가 병들었나이다	허 철	8,000
30	사사기	잔느 귀용	7,000
31	사업을 위한 기름 부으심〈개정판〉	에드 실보소	10,000
32	상한 마음을 치유하는 기도	마크 버클러	15,000
33	상한 영의 치유1	존 & 폴라 샌드포드	17,000
34	상한 영의 치유2	존 & 폴라 샌드포드	13,000
35	성령님을 아는 놀라운 지식	허 철	10,000
36	세계를 변화시키는 능력	릭 조이너	10,000
37	속사람의 변화 1	존 & 폴라 샌드포드	11,000
38	속사람의 변화 2	존 & 폴라 샌드포드	13,000
39	신부의 중보기도	게리 윈스	11,000
40	십자가의 왕도	페늘롱	8,000
41	아가서	잔느 귀용	11,000
42	악의 속박으로부터의 자유	릭 조이너	9,000
43	어머니의 소명	리사 하텔	12,000
44	여정의 시작	릭 조이너	13,000
45	영광스러운 교회에 보내는 메시지 1	릭 조이너	10,000
46	영광스러운 교회에 보내는 메시지 2	릭 조이너	10,000
47	영분별	프랜시스 프랜지팬	3,500
48	영으로 대화하시는 하나님	래리 랜돌프	8,000
49	영적 전투의 세 영역〈개정판〉	프랜시스 프랜지팬	11,000
50	예레미야	잔느 귀용	6,000
51	예수 그리스도와의 친밀함	잔느 귀용	7,000
52	예수님 마음찾기	페늘롱	8,000
53	예수님을 닮은 삶의 능력	프랜시스 프랜지팬	9,000
54	예수님을 향한 열정〈개정판〉	마이크 비클	12,000
55	요한계시록	잔느 귀용	11,000
56	인간의 7가지 갈망하는 마음	마이크 비클	11,000
57	저주에서 축복으로	데릭 프린스	6,000

PURE NARD BOOKS

No.	도서명	저자	정가
58	주님, 내 눈을 열어주소서	게리 오츠	8,000
59	주님, 내 마음을 열어주소서	캐티 오츠/로버트 폴 램	9,000
60	지구상에서 가장 강력한 기도	피터 호로빈	7,500
61	지금은 싸워야 할 때	프랜시스 프랜지팬	8,000
62	천국경제의 열쇠	샨 볼츠	8,000
63	천국방문〈개정판〉	애나 로운튜리	11,000
64	축사사역과 내적치유의 이해 가이드	존 & 마크 샌드포드	18,000
65	출애굽기	잔느 귀용	10,000
66	하나님과 동행하는 사람들〈개정판〉	샨 볼츠	9,000
67	하나님과 사람에게 더욱 사랑스러운 자	듀안 벤더 클락	10,000
68	하나님과의 연합	잔느 귀용	7,000
69	하나님으로부터 오는 능력	찰스 피니	9,000
70	하나님을 연인으로 사랑하는 즐거움	마이크 비클	13,000
71	하나님의 마음에 합한 사람	마이크 비클	13,000
72	하나님의 심정 묵상집	페늘롱	8,500
73	하나님의 아름다움을 바라보는 축복	허 철	10,000
74	하나님의 요새〈개정판〉	프랜시스 프랜지팬	8,000
75	하나님의 음성을 듣는 방법〈개정판〉	마크 & 패티 버클러	15,000
76	하나님의 장군의 일기〈개정판〉	잔 G. 레이크	6,000
77	항상 배가하는 믿음	스미스 위글스워스	10,000
78	항상 부족함이 없으리로다	하이디 베이커	8,000
79	혼동으로부터의 자유	릭 조이너	5,000
80	혼의 묶임을 파쇄하라	빌 & 수 뱅크스	10,000
81	존 비비어의 회개(화 있을진저 외식하는 서기관과 바리새인들 개정)	존 비비어	8,000
82	횃불과 검	릭 조이너	8,000
83	21C 어린이 사역의 재정립	베키 피셔	13,000
84	금식이 주는 축복	마이크 비클&다나 캔들러	12,000
85	승리하는 삶	릭 조이너	12,000
86	부활	벤 R 피터스	8,000
87	거절의 상처를 치유하시는 하나님	데릭 프린스	6,000
88	그리스도의 제사장적 신부	애나 로운튜리	13,000
89	마귀의 출입구를 차단하라	존 비비어	13,000
90	통제 불능의 상황에서도 난 즐겁기만 하다	리사 비비어	12,000
91	어린이와 십대를 위한 축사사역	빌 뱅크스	11,000
92	알려지지 않은 신약성경 교회 이야기	프랭크 바이올라	12,000
93	빛은 어둠 속에 있다	패트리샤 킹	10,000
94	가족을 위한 영적 능력	베벌리 라헤이	12,000
95	목적으로 나아가는 길	드보라 조이너 존슨	8,000
96	컴 투 파파	게리 윈스	13,000
97	러쉬 아워	슈프레자 싯홀	9,000
98	그리스도 안에 거하는 삶	앤드류 머레이	10,000
99	지도자의 넘어짐과 회복	웨이드 굿데일	12,000
100	하나님의 일곱 영	키어스 밀러	13,000
101	너희 지체를 의의 병기로 하나님께 드리라	허 철	8,000
102	신부	론다 캘혼	15,000
103	추수의 비전	릭 조이너	8,000
104	하나님이 이 땅 위를 걸으셨을 때	릭 조이너	9,000
105	하나님의 집	프랜시스 프랜지팬	11,000
106	도시를 변화시키는 전략적 중보기도	밥 하트리	8,000
107	왕의 자녀의 초자연적인 삶	빌 존슨 & 크리스 밸러턴	13,000
108	초자연적 능력의 회전하는 그림자	줄리아 로렌 & 빌 존슨 & 마헤쉬 차브다	13,000
109	언약기도의 능력	프랜시스 프랜지팬	8,000
110	꿈의 언어	짐 골 & 미쉘 앤 골	13,000
111	믿음으로 산 증인들	허 철	12,000
112	욥기	잔느 귀용	13,000
113	포로들을 해방시키라	앨리스 스미스	13,000
114	나라를 변화시킨 비전: 윌리엄 테넌트의 영적인 유산	존 한센	8,000

No.	도서명	저자	정가
115	세상을 다스리는 권세의 회복	레베카 그린우드	10,000
116	예언적 계약, 잇사갈의 명령	오비 팍스 해리	13,000
117	창세기 주석	잔느 귀용	12,000
118	하나님의 강	더치 쉬츠	13,000
119	당신의 운명을 장악하라	알렌 키란	13,000
120	용서를 선택하기	존 로렌 & 폴라 샌드포드 & 리 바우만	11,000
121	자살	로렌 타운젠드	10,000
122	레위기/민수기/신명기 주석	잔느 귀용	12,000
123	그리스도인의 영적혁명	패트리샤 킹	11,000
124	초자연적 중보기도	레이첼 힉슨	13,000
125	꿈과 환상들	조 이보지	12,000
126	나는 하나님의 음성을 듣는다	킴 클레멘트	11,000
127	엘리야의 임무	존 & 폴라 샌드포드	13,000
128	하나님의 초자연적인 능력	바비 코너	11,000
129	거룩과 진리와 하나님의 임재	프랜시스 프랜지팬	9,000
130	사랑하는 하나님	마이크 비클	15,000
131	천사와의 만남	짐 골 & 미쉘 앤 골	12,000
132	과거로부터의 자유	존 & 폴라 샌드포드	13,000
133	일곱 교회 이기는 자에게 주시는 축복	허 철	9,000
134	은밀한 처소	데일 파이프	13,000
135	일곱 산에 관한 예언	조니 앤로우	13,000
136	일터에 영광이 회복되다	리차드 플레밍	12,000
137	악의 삼겹줄을 파쇄하라	샌디 프리드	11,000
138	초자연적 경험의 신비	짐 골 & 줄리아 로렌	13,000
139	웃겨야 살아난다	피터 와그너	8,000
140	폭풍의 전사	마헤쉬 & 보니 차브다	13,000
141	천국 보좌로부터 온 전략	샌디 프리드	11,000
142	영향력	윌리엄 L. 포드 3세	11,000
143	속죄	데릭 프린스	13,000
144	신의 성품에 참예하는 자	허 철	8,000
145	예언, 꿈, 그리고 전도	덕 애디슨	13,000
146	아가페, 사랑의 길	밥 멈포드	13,000
147	불타오르는 사랑	스티브 해리슨	12,000
148	그 이상을 갈망하라!	랜디 클락	13,000
149	순결	크리스 밸러턴	11,000
150	능력, 성결, 그리고 전도	랜디 클락	13,000
151	종교의 영	토미 펨라이트	11,000
152	예기치 못한 사랑	스티브 J. 힐	10,000
153	모르드개의 통곡	로버트 스턴스	13,500
154	예언사전	폴라 A. 프라이스	28,000
155	1세기 교회사	릭 조이너	12,000
156	예수님의 얼굴	데이비드 E. 테일러	13,000
157	토기장이 하나님	마크 핸비	8,000
158	존중의 문화	대니 실크	12,000
159	제발 좀 성장하라!	데이비드 레이븐힐	11,000
160	정치의 영	파이살 말릭	12,000
161	이기는 자의 기름 부으심	바바라 J. 요더	12,000
162	치유 사역 훈련 지침서	랜디 클락	12,000
163	헤븐	데이비드 E. 테일러	13,000
164	더 크라이	키스 허드슨	11,000
165	천국 여행	리타 베넷	14,000
166	파수 기도의 숨은 능력	마헤쉬 & 보니 차브다	13,000
167	지저스 컬처	배닝 립스처	12,000
168	넘치는 기름 부음	허 철	10,000
169	거룩한 대면	그래함 쿡	23,000
170	선지자 학교	조나단 웰튼	12,000
171	믿음을 넘어선 기적	데이브 헤스	10,000

PURE NARD BOOKS

No.	도서명	저자	정가
172	꿈 상징 사전	조 이보지	8,000
173	삶을 변화시키는 성령의 권능	스티븐 브룩스	11,000
174	거룩한 기름 부으심	스티븐 브룩스	10,000
175	잔 G. 레이크의 치유	잔 G. 레이크	13,000
176	영적 전쟁의 일곱 영	제임스 A. 더함	13,000
177	영적 전쟁의 승리	제임스 A. 더함	13,000

모닝스타 코리아 저널 morningstar

No.	도서명	저자	정가
1	모닝스타저널 제1호	릭 조이너 외	7,000
2	모닝스타저널 제2호	릭 조이너 외	7,000
3	모닝스타저널 제3호 승전가를 울릴 지도자들	릭 조이너 외	7,000
4	모닝스타저널 제4호 하나님의 능력	릭 조이너 외	7,000
5	모닝스타저널 제5호 믿음과 하나님의 영광	릭 조이너 외	7,000
6	모닝스타저널 제6호 성숙에 이르는 길	릭 조이너 외	7,000
7	모닝스타저널 제7호 마지막 때를 위한 나침반	릭 조이너 외	7,000
8	모닝스타저널 제8호 회오리 바람	릭 조이너 외	8,000
9	모닝스타저널 제9호 하늘 위의 선물	릭 조이너 외	8,000
10	모닝스타저널 제10호 천상의 언어	릭 조이너 외	8,000
11	모닝스타저널 제11호 신의 성품에 참예하는 자	릭 조이너 외	8,000
12	모닝스타저널 제12호 언약의 사람들	릭 조이너 외	8,000
13	모닝스타저널 제13호 열린 하나님의 나라	릭 조이너 외	8,000
14	모닝스타저널 제14호 하나님 나라의 능력	릭 조이너 외	8,000
15	모닝스타저널 제15호 하나님 나라의 복음	릭 조이너 외	8,000
16	모닝스타저널 제16호 성령 안에서 사는 삶	릭 조이너 외	8,000
17	모닝스타저널 제17호 성령 충만한 사역	릭 조이너 외	8,000
18	모닝스타저널 제18호 초자연적인 세계	릭 조이너 외	8,000
19	모닝스타저널 제19호 하늘을 이 땅으로 이끌어내다	릭 조이너 외	8,000
20	모닝스타저널 제20호 견고한 토대 세우기	릭 조이너 외	8,000
21	모닝스타저널 제21호 부서지는 세상에서 견고히 서기	릭 조이너 외	8,000
22	모닝스타저널 제22호 소집령	릭 조이너 외	8,000
23	모닝스타저널 제23호 성도들을 구비시키라	릭 조이너 외	8,000
24	모닝스타저널 제24호 자유의 투사들	릭 조이너 외	8,000
25	모닝스타저널 제25호 땅을 차지하기	릭 조이너 외	8,000
26	모닝스타저널 제26호 도래할 시기를 준비하라	릭 조이너 외	8,000
27	모닝스타저널 제27호 하나님을 즐거워하라	릭 조이너 외	8,000
28	모닝스타저널 제28호 하나님을 영화롭게 해야 할 이유	릭 조이너 외	8,000
29	모닝스타저널 제29호 만물의 회복	릭 조이너 외	8,000
30	모닝스타저널 제30호 시대를 분별하는 지혜	릭 조이너 외	8,000
31	모닝스타저널 제31호 떠오르는 아들의 땅	릭 조이너 외	8,000

※모닝스타 코리아 저널은 한정판으로 출간되기 때문에 품절될 경우 구매하실 수가 없습니다. 그러므로 **품절 여부**를 확인하신 후 구매하시기 바랍니다.